经济战争
与战争经济

|德国财政部长一战回忆录|

[德]卡尔·赫弗里希/著　王光祈 译

Economic War And
War Economy

台海出版社

图书在版编目（CIP）数据

经济战争与战争经济 /(德) 卡尔·赫弗里希著；
王光祈译. -- 北京：台海出版社，2018.9（2021.1重印）
　　ISBN 978-7-5168-2095-7

　　Ⅰ.①经… Ⅱ.①卡… ②王… Ⅲ.①军事经济学—
研究—德国 Ⅳ.①E0-054

　　中国版本图书馆CIP数据核字(2018)第205521号

经济战争与战争经济

著　　者：〔德〕卡尔·赫弗里希	译　　者：王光祈
出 版 人：蔡　旭	封面设计：仙　境
责任编辑：曹文静	

出版发行　台海出版社

地　　址：北京市东城区景山东街20号　邮政编码：100009

电　　话：010—64041652（发行，邮购）

传　　真：010—84045799（总编室）

网　　址：www.taimeng.org.cn/thcbs/default.htm

E - mail：thcbs@126.com

经　　销：全国各地新华书店

印　　刷：北京柯蓝博泰印务有限公司

本书如有破损、缺页、装订错误，请与本社联系调换

开　　本：787毫米×1092毫米	1/32
字　　数：100千字	印　　张：6
版　　次：2019年1月第1版	印　　次：2021年1月第3次印刷
书　　号：ISBN 978-7-5168-2095-7	

定　　价：36.00元

译者序

此书出自德国战时财政大臣兼内务大臣卡尔·赫弗里希（Karl Theodor Helfferich）所著《世界大战》（*Der Weltkrieg*）第二册中的第三部分。赫弗里希原为著名财政学者及银行专家，自欧洲战争开始后不久，被德皇威廉二世任命为财政大臣以及内务大臣，主持"全国经济动员"的相关事宜。他主张的"军费政策"，以及将"军费"作为"特别支出"，不用传统的征税方法，代之以举行公债（借贷）作为填补，虽然多次被其他德国经济学者所抨击，但他在大战之中，维持德国财政危局，并与世界列强进行"经济战争"的功劳，是不能否定的。后来德皇威廉二世主张"无限制潜艇战争"（德国海军部宣布的一种舰艇作战方法，对任何开往英国水域的商船，不进行警告而予以击沉，旨在对英国进行海上封锁。这也是后来美国对德宣战的导火索）时，赫弗里希曾极力劝阻，可惜没有被采纳。一九一八年七月，他出任驻俄大使，并预备"全国解除经济动员"之事。战后他成为德国社会民主党右翼首领之一，并发明"有利马克"计划，以缓解当时德国面临的金融恐慌，并奠定了现在（对于作者所处时代而言）德国货币制度的基础。一九二四年四月，赫弗里希因火车出轨而遇险丧命，享年五十二岁。无论是友党还是敌对政党，都发表文章称赞他是理财天才，是欧洲大战中的怪异而杰出的人才。

所谓"经济战争"这个说法，就是指在世界大战之中，协约各国，尤其是英国，利用各种

"经济封锁"的策略以围困德国。同时，德国方面，又用各种抵制手段，进行对抗。我们知道：战前德国陆海两军的预备，都已经极其充实。血战四年，除了大战刚开始的时候，俄国八十万军队曾乘机一度侵入东普鲁士（东普鲁士原是普鲁士王国的一个省，普鲁士统一德意志后，并入德意志帝国），不久被保罗·冯·兴登堡元帅全部歼灭，敌国的陆军没有侵入德国境内一步。至于海军实力，自一九一六年五月三十一日爆发的日德兰海战（Skagerrak，在挪威、丹麦两国之间）后，英国海军从此不敢正视德国海岸。所以单就军事而言，德国在"国防"上面的准备，可以说是非常充足。然而，德国最终不免于失败，是输在了"经济战争"上。当时德国海军的实力，对于保护本国沿海口岸来说绰绰有余，但是想要直捣英国根据地还是不行的。其结果，德国海军逐渐被包围于东海（波罗的海）与北海（大西洋东北部边缘海，位于欧洲大陆的西北，北部与大西洋连成一片，东经斯卡格拉克海峡、卡特加特厄勒海峡与波罗的海相通）之内。但当时与德国接壤的中立各国，如丹麦、荷兰、瑞典、挪威、瑞士、罗马尼亚（指罗马尼亚尚未加入协约国之前），等等，还能不断地接济德国各种粮食用品及海外原料。

英国知道这个情况后，就宣布北海也是战争区域。所有与德国邻近的中立各邦国，从此也被划入了封锁范围之内。凡是中立各国船只，从海外运回原料的时候，必须先向英国海军当局报告，否则就要受到没收货物的处分。英国并在各中立国内勾结当地商家，共同组织"海军公司"独揽该国海军之事。凡是该国船只运入原料时，都需经由该公司负责。该公司还必须亲自向英国当局保证：所运原料确实是专供中立国自己用度，绝不会有丝毫转输入德国。同时，英国更是将人民的生活日常用品，也一一列入"禁运物品名单"之内。当时欧洲中立各国，虽然都具有一定的军事实力，但对于英国这种违背国际公法的行为，也只能忍气吞声，听其安排。中立各国中只有美国（指美国尚未参战以前而言），具有与英国力争的资格。但后来英国又利用美国需要英属各殖民地原料的机会，与美国方面订立条约：以后不可再将羊毛、橡胶等物输入德国。于是美国也陷入了英国的圈套。

至于德国方面，海外来源既然已经断绝，国内粮食就变得非常缺乏。至于其他方面的物资，则由国内的学者想尽办法，通过发明创造来补救。比如，当时的"氮素"这种东西，国内非常缺乏，曾使德国火药及肥料之制造，一时陷入了极其危险的境地。等到后来德国学者发明了从空气中提取出大批"氮素"的方法，这种困境才得以解除。又如当时纺织线缺乏，德国又发明了木料制丝的方法，使其纺织业不至于瘫痪。总之，在大战短短四年之中，德国人的发明之多，实在使世界各国惊骇不已。在其他方面，德国又利用中立各国需要德国煤炭、药材以及化学用品的弱点，暗中与中立各国订立交换货物的条约。这样以后，战时欧洲中立各国输入德国粮食的数额，竟然比战前还增加了；与此相反，当时欧洲中立各国输入英国粮食的数额，却比战前减少。所以专就"经济战争"一项来说，德国也取得了一定的成功。

但是，大战之时，德国的壮丁全都要开赴前线作战。同时，又因要赶造大批枪弹（当时德国动员了大批的女工，但仍缺乏劳动力），以至于国内其他生产事业难免面临停顿。虽然战争期间曾经试用各种"战争经济"的手段来补救，但后来终于因为各方面的力量消耗殆尽，不得不接受失败。

所谓"战争经济"的说法，是指一国与其他国交战之时，一方面国内最能工作的壮丁，必须开赴前线作战；另一方面又因为敌国的封锁，以致国内原料、粮食的来源，无不大受打击。这时，国内经济生活顿时处于一种特殊状态，必须采用各种特殊的经济手段来处置。学者因此称之为"战争经济"。比如，德国在大战期间所采用的"经济效率原则"（停办一切小工厂，专用大工厂生产，以免多用人工煤炭）、《救国服役条例》（限制工人进退自由，以及女工代替男工）、"限制国民粮食消费""重要原料收归国有"，等等，都属于"战争经济"范围内的处置措施。

依照德国以前的政治体制，全国的经济事宜由内务大臣掌管。这本书的作者卡尔·赫弗里希，曾以内务大臣的资格，主持一切"经济动员"，他所用的方法，很多都是前所未有的；都是靠辛苦的摸索，从一点一点地经历中得出来的。所以这本书的取材，并不是像普通"教科书"那样，录入各种组织条文，而是在事后追述当时创作的艰难与得失，用来给后人做个参考而已。我国的经济组织，与德国有很大不同，因此，书中所讲述的各方面，不一定都适用于我国。但是"举一隅可以三隅反"，我们也可从这本书中获益，为以后强大祖国的国防事业做准备。

一九三二年七月七日
王光祈写于柏林国立图书馆

编者序

　　译者是我国近代著名的社会活动家王光祈先生，字润玙，笔名若愚，出生于一八九二年，四川温江人。王光祈于一九零八年进入四川高等学堂（四川大学的前身）下设的中学学堂读书，并于一九一二年完成学业。同年，孙中山为培养革命志士，在北京创办中国大学，宋教仁、黄兴先后担任校长，王光祈于一九一四年到北京，第二年考入中国大学学习法律，并担任《京华日报》编辑，开始半工半读的"北漂"生活。

　　王光祈积极倡导新文化运动，并以切实的

行动将爱国的主张付诸实践。待到一九一九年"五四运动"爆发时，他还参加了火烧赵家楼的示威活动。这一把大火拉开了新文化运动的序幕。一九一九王光祈和曾琦、陈淯、李大钊等人成立了"少年中国学会"，同年，在李大钊、陈独秀、蔡元培等人的支持下创建"工读互助会"。

为了救亡图存、报效家国，王光祈于一九二零年四月，赶赴德国，在法兰克福学习政治经济学，同时还担任北京《晨报》、上海《申报》的驻德国特约通讯员。当时的中国正处于新旧文化交替变革的时代，许多封建思想、势力都还根深蒂固地存在着。像王光祈那样已经苏醒的仁人志士，在勤工俭学的同时，时刻不忘探索振兴中华的道路。

王光祈在留学期间广泛涉猎、关注时政新闻、翻译了许多不仅在当时，即使在现代也不落伍的新书。《经济战争与战争经济》就是翻译自德国经济学家赫弗里希的名作《世界大战》中的一部分。如译者序所说，该书的作者作为德国财政大臣及内政大臣的身份亲历了第一次世界大战，并亲自参与、主导了一些战时经济政策的制定和实施。书中提出的"经济战争"和"战争经济"的观点非常独到而且符合实际情况。那场战争虽然已经距离我们很遥远了，但是那场战争给人类带来的巨大影响不能说完全消失了。

回顾那场战争。完成统一并在工业革命下实现经济飞速发展的德国，在一九一三年已经成为世界第二大贸易国。战前，德国已是欧洲第一大经济体了。西南部的法国与东部经过农奴制改革后也逐渐强大的俄国，严重威胁着德意志帝国的利益。世界早已被英法等列强瓜分殆尽，实力强盛的德国在世界各地积极扩张的举动引起了英法俄等国的强烈不满。

德国通过"大陆政策"和"均势外交"来遏制法国，阻止法国和俄国亲近，随着好战皇帝威廉二世的上台，试图压制普鲁士"军国主义"势力的俾斯麦下台了。以德国为首的新型殖民主义国家结成同盟，强烈要求重新瓜分世界；英法俄等老殖民主义国家也纷纷签订协约，战争一触即发。终于，奥匈帝国皇储斐迪南大公被刺杀后，俄国和奥匈帝国在巴尔干半岛上的矛盾再也不能通过谈判消除，一战爆发了。

战前，德国的综合实力是不用怀疑的，奥匈帝国也是列强之一。但从整体来看，协约国（意大利于一九一五年由同盟国倒向协约国）阵营无论在人口还是在地域上都远比同盟国阵营多，再加上一九一七年美国参战，更大大增强了协约国阵营的力量。即使是在这种悬殊的力量对比之下，德国仍然能够取得一系列的战果，且到了战争后期，战争双方都死伤惨重，到了难以为继的地步。德国能在重重封锁之下，在东西两线同时作战的情况下，也不至于惨败，可以说除了军事指挥因素之外，这跟德国战时的一系列经济政策有很大关系。但是，在巨大的消耗战争中、在经济封锁之下，军需、兵源都面临着紧缺状况，同盟国最终还是失败了。也就是说，那场大战，既有充满硝烟的炮火战争，也有看不见硝烟的经济斗争。

总体来说，现在的世界是和平的，我们也不希望再有战争。但是不能说没有矛盾存在，国与国、地区与地区之间仍然有对立现象，经济体之间仍然有不断的贸易冲突。"以史为镜可以知兴替"，我们了解战争，最终是为了避免战争，或是在面对难以避免的战争时能够采取主动的应对策略。

我们在一战时由于国弱民穷，虽然对德宣战，但只能提供几十万劳工，且战后不能为自己的主权发声。而今，我国已经彻底摆脱殖民压迫，并正在走向繁荣复兴的路上稳步前进。二零一零年我国超越日本，成为仅次于美国的世界第二大经济体。但是我们同十八、十九世纪的德意志帝国有本质的区别：我们始终爱好和平，并积极为维护世界和平及稳定贡献力量，且是主要力量。

关注时政的人都知道，当前的世界并不是真正的太平。当二零一八年四月十三日晚，美国宣布对叙利亚实施"精确"打击时，我们只能说："我们不是生活在一个和平的年代，但我们有幸生活在一个和平且强盛的国家。"当美国于二零一八年一月毫无道理地挑起新一轮中美贸易战时，我们知道，经济战争随时都会打响。当我国驻美公使李克新二零一七年十二月十九日在华盛顿解读"十九大报告"时，说出"美国军舰抵达高雄之日，就是我解放军武力收复台湾之时"的话时，我们也知道，我们不喜欢战争，但是从不惧怕战争。

经济战争，是针对经济的战争。战争的一方采用一系列军事、政治手段以期达到削弱、摧毁敌方经济力量的战略目的，最终使战争局面有利于己方。

战争经济，是应对战争的经济。战争的一方为了打破敌方施加的经济封锁，或缓解因战争而造成的经济困境，而采取一系列非常手段、实施一些战时的特殊政策，以支持整个战事。

"家事国事天下事，事事关心"这是我们的先贤留给我们的醒世名言。作为一个大国的国民，更应关心历史、时政和经济。以上两段是本书中主要论述的内容，本书围绕这两个观点，以德国为主线，深度剖析了一战两大阵营之间的炮火战争与看不见硝烟的经济战争。由此可见，本书对于我们分析当前世界形势来讲，尤为适当。

王光祈先生的译本对原著整体脉络的把控自然准确无误，但由于先生处于新旧文化交替的时代，其译本中的语言存在诸多文白杂用之处，且有许多人名、地名、重大事件的翻译与现在的通用翻译不同，使现代人特别是年轻的读者读起来难免有些困难。为了使这本论述精辟的好书不淹于历史洪流，也为了使老一辈革命家的激情热血再一次在新时代振兴中华的大好时机里发挥力量。我们谨以一颗虔诚的心，怀着缅怀先辈的心情以及鼓励今人居安思危的态度，在多方查证、认真修改、不改动原书表述宗旨和意思的基础上，对原译本做了一些修改。由于年代相对久远、所需资料有限，书中的不妥之处，敬请读者指正，谢谢。

目　　录

附录　第一次世界大战大事年表

上篇

经济战争

第一章　内务部

第一节　接任内务大臣

在战争（第一次世界大战）刚开始的时候，我（卡尔·赫弗里希，德国经济学家、政治家。见图1.1）以财政大臣的资格，主持战争财政事务，曾有机会参与各种重大经济问题的讨论。到了一九一六年五月底，我被任命为内务大臣，其职责，据《战前政治机关组织条例》规定，是主管全国经济事宜。

图1.1：卡尔·赫弗里希

　　1908年时为德意志银行总裁，自1915年至1917年，在一战时期担任德意志财政部长，其在战时主张用借贷的方式筹集军费，这跟传统的征税政策不同。1918年后，他调任德国驻俄大使，1924年死于瑞士林索纳的一场火车事故。卡尔·赫弗里希一生致力于研究政治、经济，著述颇多。

五月六日，国务总理（德意志第二帝国首相）特奥巴登·冯·贝特曼·霍尔维格（Theobald von Bethmann-Hollweg。见图1.2）曾告诉我，现任内务大臣兼国务副总理以及普鲁士（普鲁士统一德意志各个邦国后，成为德意志第二帝国内最大的王国，其国王兼任德意志第二帝国皇帝）政府副大臣德尔白吕克（Delbrück）早已决意辞去本职及所兼任的各项职务，现在他辞职的意愿更坚定了，迫切希望政府批准自己辞职。原来德尔白吕克在战争开始之前，本来打算请上几个月的假期，好调养一下自己的病体。后来，战争突然就到来了，于是德尔白吕克就将请假的计划取消了，继续主持了两年本职及所兼任的各项工作。自今年开始以来，德尔白吕克的健康状况，一天比一天差。因此，每有重要会议的时候，我往往代他出席。

图1.2：特奥巴登·冯·贝特曼·霍尔维格

1909年威廉二世上台后，其被任命为帝国首相，期间提出的许多意见都被接受。1914年因处理奥匈帝国皇储斐迪南大公的措施不当，导致一战爆发。战争初期曾提出详述战争目标和德方状况的"九月计划"，1917年，陆军作战部的兴登堡和鲁登道夫掌握实权后，其被迫下台。

现在，国务总理向我征求意见，问我是否愿意接替德尔白吕克，担任国务副总理及内务大臣两个职务。同时国务总理请求铁路部门的主管大臣布赖滕巴赫（Breitenbach）担任德尔白吕克离任后空缺出来的普鲁士政府副大臣一职。我当时也在普鲁士政府任职，而且是政府各大臣中最年轻的一个。

当国务总理向我征求意见时，提出了使我无法推辞的种种理由。我也非常清楚：脱离财政部，心中很难过；接任内务部的繁杂事务，心中也很惶恐，有一种跳入黑暗境域前途茫茫的感觉，超过了以前刚接任财政大臣时的感受。

至于我调任之后空缺出来的财政大臣一职，则由当时亚尔隆斯罗连大臣儒丹（Rödern）伯爵接任。

五月二十二日，皇上（德意志末代皇帝威廉二世。见图1.3）在柏林好景宫（Schloss Bellevue 贝尔维尤宫。见图1.4）中，正式任命我为内务大臣，当时皇后（奥古斯塔·维多利亚。见图1.5）夸我的胆气很大，使我受宠若惊。

图1.3：威廉二世

　　德意志第一帝国皇帝威廉一世的长孙，1859年生于柏林。1888年其父腓特烈三世继位三个月就死于咽喉癌，威廉二世继位成为皇帝，他上台之后就辞退了"铁血宰相"俾斯麦，大力鼓吹军国主义，支持德国扩军，令德国陷入与英法等国的军事竞赛之中，终于导致了大战爆发。一战后德国战败，他被迫退位，流亡荷兰。

我对皇后说："如果是必须要求要做到的事，其结果也一定是可以做到的。"皇后听后就退回去坐下，并带有讥讽的神情，说道："但求上帝保佑！"

六月一日，我正式接任了内务大臣的职务。

图1.4：柏林好景宫

贝尔维尤宫，于1785年开始修建，在1786年建成，因科林斯式壁柱而知名，坐落在柏林蒂尔加滕的中部，邻近胜利纪念柱，是德国第一座新古典主义建筑，又名"望景宫"。其在二战中遭到严重破坏，后重修，自1994年起为德国总统府邸。

图1.5：奥古斯塔·维多利亚

她是德皇威廉二世的皇后，也是威廉二世的表姐。他们曾遭到威廉家人的反对，但在俾斯麦的支持下，他们最终结合。奥古斯塔与威廉二世共育有六子一女。

第二节　内务大臣职务

当时，内务大臣掌管一切内务以及联邦会议、社会政策、经济问题等各种事宜。只有关于经济问题一项，稍稍受到一些限制。在大战之前，关于对外贸易的事情，外交部方面已经特设商政专司管理；并会同内务部各要员，随时讨论办理的办法。当大战开始的时候，军务部方面，凡与军队武装、军队给养有关的问题，加上因为戒严状态以及由戒严状态所产生的军事当局的特权，尤其是该部所属的"军用材料司"，立即将一部分重要经济问题接手过去自行处理；军事机关所施行之紧急处置措施，往往比民事机关根据八月四日法律所能够使用的紧急处分特权迅速。按八月四日的法律，曾授予"联邦会议"一种特权，即"在战争期间，如遇有损害经济组织的事，可以用紧急条例作为救济"。但是"联邦会议"是一种团体组织，其代表必须等待本邦政府训令到来，才能表示赞同与否。相关手续虽已远比召集国会讨论简单，但还是过于笨拙，没有军事机关直接施行紧急处分便捷。此外，军事机关与民事机关之间，关于彼此的工作范围，也从未正式划分得清楚。因此，军事机关如果认为某种经济问题与军事关联性很大，必须立刻解决时，往往直接加以处置；反之，又有许多经济问题，原来是由军事机关着手办理，后来经常移交到内务部，由内务部接手将其处理。为保证政策的统一性和连贯性，军事机关和内务部双方时常各派代表，召开会议，来保持联络沟通。

当时，在内务大臣调换的时候，同时将该部原来所管事务之一的粮食问题，划出另外组织机关专门办理。

第三节　战时给养问题

关于给养问题方面，当时就达成了一致的意见：必须要组织一个严密灵活的战时特别机关来专门管理。除了"联邦会议"方面对于这件事必须详细制定法律外，其余如内务部以及许多中央政府、各联邦政府等，对于制定及施行《给养条例》这件事，也得派遣专员列席，参加讨论。最终结果却是，施行条例既不能统一，决议案件的施行也非常迟缓。因此，将粮食问题，改由国务总理掌管，并设置"战时给养局"的职位，让专人帮助国务总理办理相关事宜。我在尚未接任内务大臣之前，对于这种解决方法，曾表示同意。在一九一六年五月二十二日，我被任命为内务大臣的时候，"联邦会议"方面也在同时宣布《战时给养条例》，并授国务总理以没收一切民用粮食储备及民用器械的特权，以及解决民用粮食储备问题所需的紧急处分权利。国务总理当天就公布：特设"战时给养局"一职。所有国务总理关于粮食问题的特权，均由该局督办加以处理。至于局长一职，则由时任东普鲁士郡长巴妥基（Batocki）担任。

从此以后，国民粮食问题，就跟我负责的内务部方面脱离关系。但是，有关粮食的进出口问题，则仍由内务部方面办理。这是因为，由国外进口人民所需的粮食，必须要跟各友邦或中立国进行各种经济交涉，这些事情都属于内务部的事情。

除此之外，我以国务副总理的身份，也可以或多或少地参与一些战时粮食督办的事情。根据一八七八年法律所规定，新任的战时给养局不具有临时代理国务总理的资格。因此，临时代理国务总理的事情，仍属于我的职分。就粮食问题与其他一切经济问题的密切关系而言，这种解决办法是很有必要的，这样可以便于中央对于战时粮食问题，有一个统一筹划，以免因为粮食问题独立经营，导致整个战时经济组织陷于分裂的状态。但在实际上，因为某些其他的关系，我参与这项战时给养事宜的权力，大大地受到限制。因为，之前的国会中，原有一种"国民粮食委员会"的组织，自"战时给养局"成立以后，每有条例颁布，必须先与该委员会商议。起初，我想要亲自兼任该委员会主席，以便起到监督作用。但后来因为这个委员会开会次数多，开会时间又长，以及我的其他职务非常繁冗，我想要亲自担任委员会主席的事情也就不了了之。最终，政府不得不在一九一六年七月底时，决定将主席一职委托给战时给养局局长担任。凡是有"国民粮食委员会"商议后批准的条例，就送到我这里签字。如果对报送过来的批复申请有异议，就势必再行经过一番迟缓笨重的手续；而等待批复的问题又往往非常急切，不能有一点的延误。因为这个原因，我只限于万分重要之事件，才做出驳回的举动，其余次要的问题，或是我认为不很紧要的问题，也只能不管好坏，把我的名字署上就行了。现在仍然记得有一次，因为《鸡蛋强迫条例》之事，我当天就认为不妥当，曾与战时给养局局长巴妥基先生力争过。但此时这个条例已经过"国民粮食委员会"商议批准，而巴妥基先生也一再坚称此事已是板上钉钉，很难更改，并说什么推翻委员会方面的决议（其实这种决议，只带一种条陈性质）是多么的困难。我做这种违背心意的事，实在不是一次了。后来因受时事逼迫（陆军元帅兴登堡以辞职相威胁，使威廉二世命令贝特曼辞去总理职务），国家元首竟不得不打破"统一战时经济组织原则"，将"战时给养局"升为"粮食大臣"并将代理国务总理改由"粮食大臣"担任。一九一七年七月，威廉二世任命格奥尔格·米夏埃尔（Michaelis）为国务总理，任命瓦尔多（Waldow）担任粮食大臣，同时内阁改组问题告一段落。

但当时内务部职务之中，除去一切内务事宜

及给养问题之外，有关于经济方面的事务，仍是十分繁冗。当时战争规模扩大，战事持久，与敌人与日俱增的严厉经济封锁有关，再加上内务部办事人员，在战争期间大为减少，造成经济事务日益繁难。在战争初期，一般的少年办事人员，必须荷枪前往战线服役。其余一部分办事人员，或调往各种军事机关补充就任临时办事人员，或调往德军占领区域，管理行政事务。同时，由没有具有正规训练的候补人员来弥补这个缺口。因此，内务部中所余少数办事人员，都承担了前所未有的工作压力。此外，国会召开议会的次数逐渐增多，使工作更为繁冗。比如开战后的第一个半年期间，国会只召开了三次大会，所用时间也很短，会议的速记记录只有二十三页。到了第二个半年期间，也只开九次大会，会议速记记录共有一百八十六页。可是，到了第六个半年期间，（一九一六年二月一日至八月一日）竟开了三十七次大会，共有会议速记记录一千二百八十页。至于国会中的各种委员，也是让我们的办事人员费时费力。我在内务大臣的任期内，经常从早晨九点钟或十点钟，一直干到晚上七点钟或八点钟，才能将事办完。有时甚至工作到午夜以后才能离开办公室；第二天一早就得早起，再继续忙碌。其他重要部门的大臣，当然也是这样忙碌。

这样事务繁重的机关，承担的重任是，必须尽快将战争期间与日俱增的各种经济问题，一一加以解决，其困难程度可想而知。

第二章　处于围困之中的德国

第一节　德国海军的实力

协约国方面，除了对待中立各国采用残忍手段，藐视国际公法，毫无一点顾忌外，更在英国领导之下，完成其对德国实行经济封锁的图谋。

德国商船旗帜，自开战数日之后，就已经不在公海上出现了。当时我们舰队的实力，虽足以威吓英国海军，使其不敢靠近德国海岸，或驶入德国东海，但从一九一六年五月三十一日斯卡格拉克（Skagerrak海峡，在挪威与丹麦之间）之战

（著名的日德兰海战，德国取得战术上的小胜，但是之后遭到英国强大海军的封锁，再不敢出港。见图1.6）后，使英国深深感到我国海军的强大实力；或者由此竟使英国对自己最为信赖的海军产生怀疑，因为要消灭我们的舰队会使自己大伤元气；结果遵照国际公法规定，封锁德国各处海港一事，没有实行。但在其他方面，德国海军的实力，却还是不足，不能直接开往英国海军根据地，与英国海军一决雌雄。海军方面虽然运用战术，在上一次海战中击败了英军，但是之后再也不敢有那样的冒险动作了。于是，我们的海军，只得停泊在北海和东海之内，被敌人牢牢地封锁住，成了一支名副其实的"存在舰队"（一种西方海军战术理论）。因为我们一旦出港，就有被消灭的可能；反之，英国方面，虽然牺牲了一些舰艇，但是英国强大的军工业很快使英国海军得到补充。而且，在战略上，英国海军自从将德国停泊海外的若干巡洋舰加以割除之后（当时

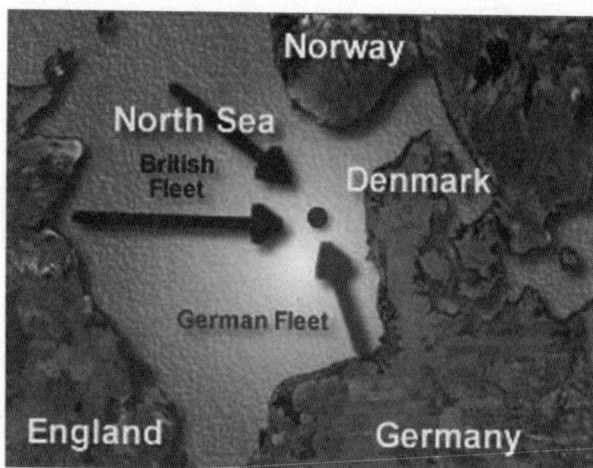

图1.6：日德兰海战形势图

德国称其为斯卡格拉克海峡战役。1916年英国出动皇家海军33艘，德国公海舰队只有18艘战列舰。德军计划以少数战舰和巡洋舰袭击英国海岸，诱敌舰前出后，集中公海舰队主力将英舰聚歼。英军统帅分别为Beatty元帅和Jellicoe上将；德军统帅分别为Scheer少将和Hipper上将。

该巡洋舰等曾奋力抵抗，但我们的舰队终因寡不敌众而败），继续保持着海洋霸主的地位。其间虽有德国巡洋舰，如：白鸽号、狼犬号做出一些小的反击动作，但对于德国在整个海上的处境，也没有什么实质性的帮助。从此，德国商船必须停在德国，或各中立国海港之内，不能出港一步。而协约国（英国、法国、俄国、意大利、美国等国）商船，则一直到潜艇战争（德国发起的"无限制潜艇战争"。见图1.7）开始之时，都可以横行海上而不用担心受到任何重大骚扰。

图1.7：遭遇德国潜艇袭击的商船

　　1917年2月，德国为迫使英国退出战争，进行无限制潜艇战争，主要是针对向英国运送货物的商船，企图对英国进行海上封锁。这项军事破交战虽然取得了不小的战果，但也触动了美国的利益，导致美国参加协约国，最终英美联合挫败了德国的无限制潜艇破交战术。

第二节 禁运物品名单的扩充

协约各国既然没有能力封锁我们的海岸，于是我们的对外贸易，可以利用各中立国商船，仍然照旧进行，但只希望不与国际公法规定相抵触。

英国方面，自开战之始，就极力设法夺去我们这种贸易的机会。该国海军既然没有封锁我们海港的能力，就想出一种"航路商业检查"的办法。这个方法，虽与国际公法十分抵触，但就断绝我们的海外交通来说，却十分有效，远比严厉封锁我们的海岸有用。

关于万国海航公法一事，英国政府曾于一九零七年的"海牙和平会议"之后，邀请各国，开会讨论。并将旧日通行的各种国际海航条例及习惯，加以整理，定为一种"成文法"，即一九零九年二月二十六日所发出的《伦敦宣言》（伦敦海战法规宣言，首次系统阐明海战法规则的国际公约。由美国、英国、法国、俄国、德国、日本、荷兰、意大利、西班牙和奥匈帝国等国于一九零九年二月二十六日在伦敦签署，未正式生效）。当时与会各国代表（英法两国代表当然也在内），曾于该项宣言之（导语）内，特别声明：称该项宣言所定，大体上与国际久已承认之航海原则相符合。但其后英国政府对于此项宣言，却直到欧洲战争开始之时，尚未加以批准。因此，开战后数日，美国政府才向参战各国政府叩询，是否愿将上项《伦敦宣言》作为海战公法，并说：如能作为海战公法，则将来参战国与中立国间，就不至于发生重要误会。当时德国政府及其联盟国与奥匈帝国政府，立即回答美国政府，表示愿意承认该项宣言为海战公法；反之，英国政府方面，则称该项宣言，必须加以若干变更及增补，才能承认。英国这种"变更与增补"不久后出现在了一九一四年八月二十日所制定的条例之内。其中大部分，已完全与《伦敦宣言》

所制定的"国际通行海战原则"相背。而英国政府对于"非禁运物品"本来早经《伦敦宣言》承认其不具有军用性质，或只能间接用于军事目的的物品，依照通行海战条例，不应视作"禁运物品"。此外，英国政府还将《伦敦宣言》中所谓"相对的禁运物品"（换言之，即此项物品，如果确实是帝国宫廷或军队需要的，则作为"禁运物品"来定）也设法加以取消，这就意味着，"相对禁运物品"也被列入禁运名单。结果导致，中立国为参战国代运"相对的禁运物品"，尤其是代运粮食及工业原料的事，从此也不能再做了。英国这种举动，不但有违《伦敦宣言》而且全与英国自己在《伦敦宣言》以前所宣布的海战条例相背。当时美国政府（美国在参战之前是中立国，可以通过为交战各国运送物资获取高额利益），在其抗议无效的许多通牒中，曾有一次，特将英国爵士沙里斯堡（Lord Salisbury）在南非战争之时所发出关于海战条例的宣言，抄给伦敦政府请教。按该爵士的宣言，有这样一句话："粮食，用以资助敌方时，才能作为'禁运物品'来说。此外，仅凭借敌人军队应用储备物资的嫌疑，也不能就当作'禁运物品'，而必须具有真凭实据，证明该项物品，在被查获时确实是用来资助敌军的，才能认为是'禁运物品'。"

上述一九一四年八月二十日英国所制定的海战条例，后来日益加剧。其目的，不但想使德国军用材料，甚至于德国居民生活的必需品，从此也不能再由中立各国船只供给。到了一九一六年四月二十三日，英国方面更是发布一种条例：对于"相对的禁运物品"及"绝对的禁运物品"之分别，从根本加以取消。到了一九一六年七月七日，英法两国政府，简直毫不客气，将已变成千疮百孔之《伦敦宣言》完全加以否认，不惜一切代价地对德国进行经济封锁。

第三节　英国宣布北海为战争区域

　　但是仅仅扩充"禁运物品"名单，严厉检查"禁运物品"仍不能完全达到英国政府的目的。仅在海洋上，扣留检查船只一事，就很麻烦，而且很危险，英国政府也收效甚微。

　　因此，一九一四年十一月初，英国政府方面，就已决定通知各中立国政府，宣布北海（大西洋东北部的边缘海。见图1.8）全部为战争区域。并称：苏格兰与挪威间的北海入口要道，已有施放炸药的必要。同时，又向来往荷兰、丹麦、挪威以及东海沿岸各国的船只，紧急劝告：以后宜沿英吉利海峡（英法两国之间的海峡），及多弗（Dover）航线驶行。然后再由多弗海峡（连接英吉利海峡和北海），在英国政府的指引下前往目的地。

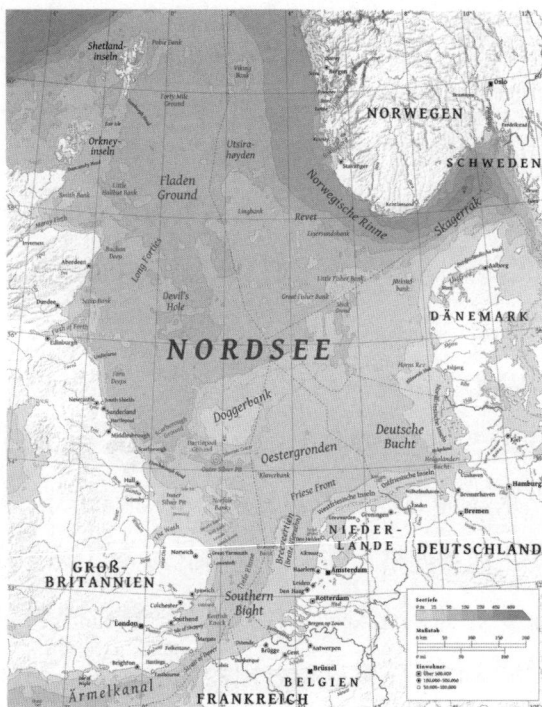

图1.8: 北海

英国为了维持海上霸权地位, 并对德国进行海上封锁, 在战争初期就宣布整个北海为战争区域, 并在该海域布置水雷, 还严查过往的中立国船只, 并在1915年宣布将扣押向德国运送物资的船只。作为报复, 德国宣布英国沿海为战争区域。

英国此项通知的成效，不但使德国海岸被封锁，而且使北海、东海沿岸各中立国的海岸，也处在英国的封锁之下。

这种违背国际公法的举动，在一九一五年三月一日，由英法政府再发一种宣言，将其加剧，按该项宣言，曾称：英法政府，从今日起，对于一切船只，凡是为敌国采运物品，或有装运敌国货物的嫌疑，都须将其扣留，押入协约国的海港内。

当时各中立国对此曾提抗议，尤其是北美国家。一九一五年三月三十日，美国曾对协约国方面下过一次通牒，指责协约国政府：不具有封锁的必要条件，却使用封锁的各种权利；对于一切嫌疑船只，不实行正常的海洋检查，而是将其押入自己的海港；以及断绝各国对德通商，尤其是断绝德国对于各中立国的输出的种种不当行为。美国提出了可谓义正词严的抗议。但美国向英抗议的情况，直至一九一五年年底，其间曾交换无数通牒，反复辩论，而结果终成一纸空文。

其后英国方面对于检查船只的举动，越来越严了。只要是开往德国邻近各中立国海港的船只，或由德国邻近各中立国海港开出的船只，必须自行前往协约国海港报到，请求检查，否则将受没收的处分。

所有英国方面采用各种威吓手段，以使各中立国船只，不敢再开往德国海港，或为德运输物品的事，我在此难以一一枚举。

现仅举英国利用卖给船煤一事，威迫中立船只情形如下：自一九一五年十月以后，各中立国船只，如向英国买煤自用；必须先行申明，该船此后全受英国之煤，而不准购德国之煤。于是英国政府乃向彼等宣言：德国煤炭，属于敌货之列，照例应该没收等等。

英国政府毫无顾忌地利用其海上霸权，以压迫中立各国。而这些中立国只能空提抗议，听其肆虐。其中尤其以与德邻近的各中立国，最受损失。

但这些中立国既无政治和军事上的势力，又无经济上的实力，去抵抗英国及其盟国。而且这些中立国的民用物资来源、工业组织，大部分与海外运输具有密切关系，不能独立自主。

因此，协约国方面，有时竟在这些中立国的疆域之中，采用对抗德国的行动；这些中立国也是一再隐忍；甚至有的中立国干脆加入协约国一方去了。

在各中立国内，只有美国，为了公法、人道（按国际公法为顾全人道，曾规定，一切敌视行动仅仅限于参战国家）曾经发出过几次有力的抗议言论。当时，美国仿佛大有断然起而拥护海上自由之势头，但是到了最后，仍是变成了纸上的抗议，没有起到什么作用。

第四节　监督中立国的商业

战争期间，英国方面又强迫中立各国实行其制定的"禁止与敌通商"的条例。战争刚刚开始，英国就遵循旧例，通告本国人民，不要与敌人通商。没过多久，其他协约各国也纷纷效仿。现在英国更是霸道地强迫中立国也遵从这个条例。

英国这种强迫行动，甚至于在美国方面，也收到了一些成效。在一九一五年二月时，英国曾阻止美国贩卖羊毛给德国，就取得了成功。当时英国政府曾通告所属各殖民地，此后从美国批发羊毛，只能由美国纺织公司一家包办。同时，该美国纺织公司又向英国立约担保：此后该公司出卖羊皮之时，必须先与顾客制定严厉的条件，以防有输入德国的可能。同样，英国也将美国的橡胶物品输出，置于自己监督之下。美国所需橡胶原料，约有百分之七十来自英国殖民地，百分之三十取自巴西。而巴西的橡胶工业，又有一大部分为英国资本所办。于是，英国利用这种势力，与美国橡胶公司订约：此后美国输出橡胶制品到欧洲时，只能取道英国，而且必须先行取得英国许可才行。不但这类物品受到管制，甚至于美国本地产品，有时也被置于英国监督之下。当英国于一九一五年八月，将棉花视作"禁运物品"之后，关于美国运输棉花进入欧洲这一商业行为，只能由利物浦棉花交易所（Liverpooler Baumwollbörse）包办。而包办之人也须保证，决不直接或间接将棉花输入德国。此外，英国对于美国的金属工业，尤其是冶铜业，也进行监督。除上述各种英美商业合同外，英国更与美国重要轮船公司订立若干合同，即各种轮船运货之时，需要装货之人做出担保：确实没有违反英国的各项海运条例。同时，英国政府对于做出担保的轮船的检查，也给出例外，比较放松。

上面讲的英国政府与美国商人订立各种合同

的举动，还算是由于彼此善意谅解，最多只能称为一点轻微压迫；反之，英国对于其他各中立小国，则毫不客气，让各中立小国无不深受英国铁拳压迫之苦。

所有与德国为邻的各中立国，每年运输物品的数量，均由协约国方面加以限制。至于具体的限制情况，由英、法、意、俄四国代表所组织的委员会，在巴黎议定。因为各中立国船只受到这种严重限制，他们在海外运输上投入的资本，当然不能不尽可能地节约，已经到了只求本国勉强够用，实在无力再将货物转运到德国的地步。但英国政府仍然觉得不够，不停地要求各中立国政府，禁止对德输入。英国要求禁止输入德国的物资，不仅是指海外采购的货物，甚至于这些中立国本国的土产，也包含在内。此外，英国政府还设置了一个监督机关，严查与德为邻的各中立国，每年运往海外的货物是如何处置的，以免有供给漏网进入德国。

最初设立这项监督机关的，是荷兰海运公司，成立于一九一四年十一月。其创办方为荷兰各大轮船公司，以及荷兰各大银行及商铺。这个荷兰海运公司，曾与英国政府订立条约：所有该公司代人装运的货物，英国政府可以允许其自由驶行，不会进行检查扣留。但该公司必须向英国出具书面担保，保证所运的货物，以及由该货物所制成的物品，全都是供给荷兰本国使用。同时，英国政府还将事后重行盘查之权，特别声明保留。此外，该公司必须随时向其委托运输之商了解情况，所有荷兰各商号的输入事宜，全由该公司一手经办，不能再委托其他公司运输，并做出保证：该项货物全都是供给荷兰本国。如果商号想将货转让他人，必须先经该公司同意才行。而且转让之时，接收转让货物的一方对于该公司，必须特别声明：愿将出让者对于公司所担负的义务，一一照实履行。

该公司为实行上述各种条约义务，特与各种

轮船公司，运输商号、储藏仓库，等等，订立合同，以便随时检查。再加上荷兰政府自己对于国界稽查特别的严格；对于私运货物的船只，惩罚特别严重。这就使荷兰海运公司的检查制度更加严密，所谓的漏网之事，就变得不可能了。

一九一五年秋季，瑞士方面在与英、法、意三国迭经交涉之后，也成立了一种类似荷兰海运公司的监督机关，叫作Société Suisse de Surveillance Economigve 及 Der Industrierat。两方共同承担监督的责任。在瑞典方面，则由Transito掌管检查所谓权力。在挪威方面，则由挪威政府及英国领事通力合作。至于他们通过什么方法最后完成商业封锁制度，就不得不说"业政检查"及"黑名单"两件事。协约国方面，对于检查业政之举，非常严厉。甚至是中立国的船只，从中立国海港到另一中立国海港，也必须经过严格检查。协约国方面在经过这种业政检查之后，对于各中立国相互间的商业关系，更了如指掌。

此外，协约国还搞出一个"黑名单"，将擅自与德国通商的中立国，或具有对德通商嫌疑的商人姓名，一一列入"黑名单"之上，作为敌人看待，从此与之断绝商业关系。

所有上述种种方法，其目的无非是想使当时陷入战争中的德国的民族生机完全断绝。这种残酷暴虐手段及商人狡猾伎俩所组成的"伟大"封锁制度，在世界各国历史之中，可以说是从来没有过的。从前拿破仑（大陆封锁政策）的范围、方法及成效，若与这次英国所用的"商业饥饿封锁"手段相比较，就只能算是一种"小孩游戏"而已。英国这种封锁政策，使身居欧洲大陆中心的一个大国，完全就像被敌人的炮台长久围困着一样。

第五节　占领地的原料及粮食情况

我们在前线屡次取得的军事胜利，确实使我们国内的困难形势得到一定程度的缓解，但是我们面临的根本问题，却从未因此而得到改善。

自从我军迅速占领比利时及法国北部以后，就"经济战争"一点来说，确实使我们的地位变得非常稳固。尤其是我们的原料来源，因此得到很大程度的扩充。

占领地内的各种生产机会以及储藏的大批原料成品、半成品，确实弥补了我们本国土产及存货的不足，使我们的给养得到大大的补充。余现在但举数事为例如下：法国东北部城市龙韦（Longwy）和布里埃（Briey）两处的铁砂，比利时的矿产，安特卫普（Antwerpen，比利时西北部城市）的造船材料，韦尔维耶（Verviers，比利时重要的毛纺织中心）及法国北部的鲁贝市

（Roubaix，法国最重要的制造业中心之一）、图尔宽市（Tourcoing）的羊毛及毛纺织品，根特市（Gent，比利时西北部港口市）及里尔（Lille，法国北部城市）两地的棉花、棉线、棉纺织品。后来占领波兰时，又得到更多当地的纺织工业原料及不少半成品。

但是，无论在西部还是在东部的占领区域内，对于我们国内粮食困难的问题，却均无任何帮助。比利时及法国北方，人烟异常稠密，本身就靠从外部输入大宗粮食，才能维持居民生活。

同样，波兰的农业即使在平时，也已不能满足当地人口的需要，像华沙（Warschau，波兰首都），罗兹（Lodz，波兰城市），奥波莱省（Sornowice，波兰南部省份）各处，都属于工业区域，而农业并不是很发达。立陶宛及库尔兰（Kurland，波罗的海沿岸小国）等地，因农业落后，人烟稀少，大战期间变得更加荒凉，所以对我们也没有很大的帮助。当时我们驻扎在该地的军事机关，虽曾极力设法促进该地的生产，但都收效不大，这对于我国粮食问题，也就仍不能有太多的救济。关于比利时及法国北方居民粮食维持的问题，后由美利坚及西班牙两国所组织的委员会代为筹办，这是我们减轻了一些负担。不过当时我们必须宣言保证：我们不能夺取该委员会从美国输入的粮食。这么一来，比利时本地的农业生产所得只能为当地效力。

难道他们所需的粮食应由我们自己在有限的粮食之中，拨出一部分去救援吗？可是又不能听任他们数百万居民，在我军后方活活饿死。这个问题解决后，对于我们自身所受"饥饿封锁"的残酷压迫，却未曾因占领了很多地域而略为减轻。

第六节 各盟国的粮食恐慌问题

至于与德联盟的各国（奥匈帝国、奥斯曼帝国、保加利亚等），对于德国粮食困难的问题，也不能有所补助。

奥匈帝国，在大战即将开始的几年里，本国的粮食需要日益剧增。

该国的农产出量，仅能供给本国居民，没有一点剩余。但，不管怎么说，奥匈帝国能够保证自己的粮食需要，已经比我国的情况好很多了。谁知道刚开战不久，我们就发现奥匈帝国因为粮食输入被敌封锁，不能像我国一样展开顽强抵抗。

同时，奥匈本国的物资生产也日益退步，其政府又不能严厉督促。

对于本国居民消费方面，政府检查与限制的法令，都远不如德国严厉。关于勤勉、组织、纪律等，奥匈帝国又都不如我国。

结果可想而知，我们自己虽然已经面临着极感困难的粮食问题，但是对于这个盟国，也必须随时准备援助。

等到征服塞尔维亚之后，我们对于另一个盟国保加利亚，也得适当地予以照顾。保加利亚本来是农业国家，该国的农业产出，平时常有剩余。

但是自从开战以后，农业大受影响。这导致他们不但不能帮助我们，连自给自足也很难做到了。粮食问题就成了后来保加利军队瓦解的重大原因。

同样，土耳其（奥斯曼帝国）方面，这个国家的农业一直不发达，在大战之前，每年都要从俄国进口很多的粮食，现在当然更加不能指望得到该国的援助了。

但在另一方面，保加利亚，尤其是土耳其，却能供给我们许多其他的重要物品，如香油、肥脂、烟草、羊毛、棉花、丝绸、金属物料之类。不过供给的数量，仍然非常有限。其主要原因在于，这两个盟国的该类物资产出量也不是非常多；而且当时交通不便，也就不能运输太多。战前这两个盟国出口入口，几乎全经过海道；现在土耳其的出口物资，则只能由君士坦丁堡（奥斯曼帝国首都），利用单轨铁路，取道保加利亚首都索非亚（Sofia）运送。

但这种铁路，也早被军事机关占用完了。此外，多瑙河航路原本是连接保加利亚与罗马尼亚的要道，但多瑙河航路不是很畅通，所能运送的物资也多。

因此，这次大战的时候，我们对于这条航路，必须时常加以疏通才行。

第七节　德国战时粮食情形

经上面的分析可知，我们国内人民的粮食问题，就不能仅靠本国农业，以及中立各国的输入（盟国是指望不上了）。当时英国方面，虽极力实行"饥饿封锁"，但我们仍可以设法从各中立国输入。

我们本国的农业，因战事的原因不免大受影响。第一，国内最能工作的人，都已经被抽调到前线去了。第二，因马匹充作军用，国内的数量也大大减少。第三，因为制造炸药，需用很多的"氮素"，以至于制造肥料的元素就变得越来越不够用了。再加上天气不好，农业上面临的问题更加严重了。

结果，一九一七年的黑麦、小麦收成，只有九百二十万吨，这与一九一三年（按当年麦子收成最好的算）的黑麦、小麦收成一千六百五十万吨比较，相差有多大，一看就知道了。同时，大麦收成也由三百六十万吨，降低到二百万吨。燕麦收成更是由九百五十万吨，降为三百六十万吨。在一九一六年时，马铃薯的收成，可以说是一落千丈。一九一三年及一九一五年的马铃薯收成，都是五千四百万吨。而在一九一六年，则降为二千五百万吨。至于一九一七年之马铃薯的收成，共有三千四百四十万吨，一九一八年之马铃薯收成，则为二千九百五十万吨。关于牲畜方面，牛的数量，直到一九一七年，与战前数量还相差不远，但战争期间饲料缺乏，尤其是缺乏增肥增壮的饲料，所以牛的体重，难免大大地减轻。尤其是牛奶的产量，大大地缩减了。至于猪的数量，在一九一三年十二月一日，是二千五百七十万头。到了一九一七年六月一日，则减少到一千二百八十万头。除数量总额减少之外，所有各头猪的重量，以及猪油的产额，也大为减缩。

通过上面所举的例子，已能充分表示德国当时被敌围困的艰苦而危险的情形。由此可见，德国当时是多么渴望打破协约国方面的"商业饥饿封锁"，以及多么期盼能从各中立国方面设法输入粮食与原料等物资。

第三章　德国对付各中立国的手段

第一节　德国对抗的方法

德国可以用来对抗英国压迫各中立国的方法，可以说少之又少。战前世界商场之上，销售一方竞争激烈。但自战争开后，这种情形发生了转变。

国际商场之上，充满了争相购买与竞价卖出并存的现象。这在各中立国方面，也是一样。现在的问题，已经不像从前的"国际商业"了，其实只是一种"海洋商业"。我们的敌国既然掌握有海上霸权，不但能将本国所产货物，或其海外殖民地所产货物，随意卖给各中立国，或随意将货物扣留不卖。而且能将所有海外一切出产，全部禁止输入欧洲各中立国，以实行其严厉封锁的政策。因此，当时我们的敌国，就决意即使不顾一切公法，也要利用这种特别的机会遏制我们。

这样一来，我们只有完全靠自己国内的物资生产来解决问题。而这种生产力量，又因为战争，或大受损失，或消耗太多。其中生产的重要物资，如煤炭、钢铁、柏油、药材以及其他物资，虽然可以输往各中立国以换取所缺的物资。但这种生产物资，我们也不能没有限制地输出；同时煤铁两种物资，又深受英美两国商业竞争的影响。此外，我们最受压迫的方面，仍在于协约国实行的禁止人民所用粮食与牲畜所需饲料输入德国的"饥荒封锁"。

因此，我们当时只能尽力利用各种有限的出

产，与各中立国周旋，来谋获相当利益。

第二节　输出与输入的集中监管

若要达到上述目的，必须将我国输出的物资，全部掌握在国家手中。其实我们因考虑到这关乎本国军事上、经济上各种需要的安全性，对于某类输出物品，早已禁止输出。后来我们决定利用自己输出，来对付各中立邦国。于是全国所有输出事宜，绝对不能再放任私家工商业，让其随意开展贸易。

同样，关于输入的事情，也有特别加以整顿的必要。

我们采购中立各国货物的事，本已十分困难。若再加上德国私家商人，在中立国市场之上互相竞争购买；则各种物资的价值，势必将会增高，而中立各国商号的售卖条件，也将变得特别苛刻。

我们采办外货的购买力，也非常有限，必须随时通盘筹划。而且我们能获得的少数外国期票，只能限于采购最为需要的货物。

在事实上，我们采购重要外货时，其数量常常受到一定的限制。而且我们必须在输出方面做出特别让步时才能接洽成功。所以，我们对于货物输入，不能不加以通盘计划。

因为上述种种理由，于是我们对于输出、输入的集中监管制度，就应时势需要而产生。但后来这种制度，却受到人们的大加指责和批评。

这种集中监管制度的必要性，以及"经济战争"的重要性，在开战之初，都没有完全显现出来。不过国内经济界一部分重要人士，在开战后数星期之内，就已具有一种感觉：关于前往中立各国市场采购货物的事情，似乎有统一进行的必要。因此，一部分工商人士，就联合成立了种种团体组织。后来，这种组织的规模不断扩大；并与其他一切仿照自己组成的类似团体联合起来，为"战时商业政策"效力。但在那时候，关于前往中立各国买卖货物的事情，仍是十分缺乏统一的指挥。结果，只有利用"国会"授予"联邦会议"的特权，实行强迫手段，就算因此违背了参与此事的工商各界的意志，也在所不辞。

我之前在财政大臣任上的时候，就对于这项问题进行过研究。

第三节　买卖混乱的结果

当时中立各国市场上的肉品、猪油、牛油、干酪等物资，数量还不少。等我们前往采购以作军用之时，这些物资的价格忽然涨得很高，而且不停地持续增长。这其中没别的原因，就是我们的军事机关前往采购时，不但要与外国商人竞争；还要与本国工商各界、商业公司以及奥匈帝国采办货物的人，激烈地竞争。我们彼此之间你争我抢，结果当然是，卖货的商人见有机可乘，就要投机，所以干脆将货物囤积不卖，就等着哪一方出更高的价格。

我于一九一五年秋季，组织"采购总局"到丹麦采购牛油，并邀奥匈帝国参加。在这种由政府主导，统一筹划之下，没过多久就收到成效了。牛油价格（每五十基罗格兰姆）由二百七十五丹币，降为一百五十二丹币。而且德奥两国购入之数量，较前特别增多。这样一来，每月可为国家节省很多经费。同时，居民与军队的牛油供给，又得到很大程度的改善。

我们曾前往罗马尼亚采购麦类，但情形非常恶劣。当协约国方面，将我们民用粮食和牲畜饲料入口封锁，以及中立各国此项入口也缩到最小限度之后，我国及盟友奥匈帝国，只能前往当时还保持中立的罗马尼亚采购大宗粮食。一九一四年和一九一五年，罗马尼亚之收成非常好。同时，达达尼尔海峡（是土耳其西北部连接马尔马拉海和爱琴海的要冲，也是欧洲与亚洲两大陆的分界线，并且是连接黑海以及地中海的唯一航道）遭到封锁，罗马尼亚的麦类物资只有销往中欧德奥等国。而且当时仅就经济情形而言，我们前往罗马尼亚采购民用粮食和牲畜饲料，尤其是采购玉米时，可以说是很顺利。虽然如此，但若就政治情形而言，罗马尼亚对德国的态度，一开始就很可疑。所有罗马尼亚政界，以及该国的农商人士，对于中欧德奥等国的困难境遇，没有一个不想借机利用，以牟取暴利。我们当时漫无计划的采购，也正好使罗马尼亚的计划得逞。我国的军事机关以及商业工业农业各界，前往罗马尼亚争购粮食的举动，尤其比之前争购丹麦牛油时更厉害。结果，罗马尼亚方面所要求的买卖，物价与日俱增。似乎玉米每吨的价格，涨至一千马克左右，并需要现款交易。买卖做成之后，该国借口当时运输阻塞，再次对我们实施刁难。以至于交款之后，我们所需的货物不能到手。最后，罗马尼亚方面，堆积的我国以及盟友所购的麦类物资，竟然多达七十万吨，约值二亿马克（德国货币单位）。款都已经交付，而货物却不能运达。此外，罗马尼亚方面可以出卖的麦类物资，还有很多。战争期间，罗马尼亚已组织一种麦类买卖公司，开出的售价极高，交款的条件也极其严苛。

我们对于这种情况，也只有组织"采购总局"的法来应对。同时，并对所采购的物资进行通盘筹划运输。

第四节　采购总局

经我努力奔走及与各方商量相关事宜后，集中采购的措施终于可以施行，并将采购事宜，委托"采购总局"办理。但这个部门，后来竟被人们误解，遭到多次的抨击。当时"采购总局"方面，与意大利军用麦类专运公司及匈牙利军用出产公司联合起来，共同进行采购。

一九一五年九月，当时还未出征塞尔维亚，那时运输麦类的事情，就已能够着手进行。我们攻打塞尔维亚行动，既迅速又顺利。于是罗马尼亚国内偏袒协约国方面的势力，难免遭到一大打击。而且从此以后，从多瑙河运输罗马尼亚麦类的事，也就可以行得通了。

于是，"采购总局"于一九一五年十二月和一九一六年三月，与罗马尼亚政府先后订立各种条约。中欧德奥两国，由此可得粮食二百七十万吨。价格、交换条件，都还算公平。当时协约国方面，尤其是英国政府，曾用各种方法破坏这种条约。英国当时计划用高价购买罗马尼亚麦类，达成交易之后，暂时将货物存储在罗马尼亚国内，以断绝德国采购的途径。但英国这种举动，施行得有点晚了，也只有一小部分成功。对于上述"采购总局"所订之条约，英国最终未能及时阻止其成立。

关于运输困难的情形，不久后由"采购总局"联合"德国军用铁路督办"及"奥匈运输总局"设法将其改善。对于多瑙河因战争而导致的航路不畅情况，也着手修理，以利于航行。我们还将匈牙利的铁路轨道延长，以便运大宗粮食。此外，"采购总局"更是在短期之内，组成了一家规模宏大的多瑙河行业公司，并添置各种装运设备。通过以上的努力，我们在正式向罗马尼亚开战之前，将所购的粮食全部运到了国内。在一九一六年春夏两季正处艰难关头的时候，我们从罗马尼亚方面，每月获得的粮食达数十万吨之多。

关于物资输入集中监管，由少数团体，依照"商业原则"及采用"统一方法"来施行，虽然是制胜中立各国市场的先决条件；但仅有这种组织，仍不能取得绝对的收效。换句话说，"采购总局"必须与我们输出机关密切联络，共同计划，才能使计划成功。后来我们发现，当时输入价值的总额，远远超过输出价值的总额。但是那些物资又是必须要输入的，且不能减少。于是，又出现了一个新问题：即如何设法凑得一笔大宗外币，以付"入超"所需的资金。

第五节　与中立各国交易的手段

我们输出的各类物品之中，有一部分很受

中立各国的欢迎，而且对于他们都是必需品。因此，我们就尽可能地想利用这种输出机会，以换取我们所急需的原料、粮食等。

但这种交易方法，不能依照一定格式去做。中立各国获取我国输出物品的方法，向来各不相同。他们需要我国物品程度的高低，以及他们所受协约国束缚的大小，也是各不相同。而且这种情形，又因为大战的爆发，再加上市场形势的变化，也变得不稳定了。

于是，我们根据具体的情形，决定大刀阔斧地有针对性地采取措施。在战事初期，我们与中立各邻国通商，多采用"物物交易"的方法。换句话说，我们允许输出某类重要物品与该中立国银行直接交涉，以解决我们"入超"应付的款项问题。但这种方法还没实行多久，就已发现这种"物物交易"的措施，既不是很有用，也不是很可行。尤其是，我们通过该手段只能换到一小部分物资输入，不能满足我们的紧急需求。因此，我们就渐渐觉得必须与中立各国协商，并订立一种规模较大的"通商条约"才行。而且，这种条约，要兼顾双方的利益，对于"输出允许"及"输出禁止"两点，彼此要特别通融，并进行有力抵抗（针对协约国）。尤其是，我们要设法阻止中立各国，不要听从协约国禁止输入物资到德国的意见。至于已经颁布禁止输出物资给德国法令的各中立国，我们则要尽力与其协商，请他们从根本上取消相关法令，或请他们在某期限内暂且不要实行。这项"通商条约"就精确程度来说，虽然不能像"物物交易"中特别规定交换各物的名目数目那样，但是这种条约订立之后，我国就可以尽力督促各中立国政府，随时依照条约的意旨实行。假如后来某中立国不愿实行这个条约，那么我们也完全可以将从前订立条约时做出的各种让步取消，并将对我们输出的物资进行限制，用以向违约的中立国施加压力。比如一九一六年夏末时，瑞士政府因迫于英法两国的压力，就将协约国所指的属于"禁运物品"的各种货物，停止向德国输入。我们当时虽向瑞士政府多次提出抗议，但都因为协约国在中间不断施加压力而无效。于是，我们就毅然将我国煤铁等资源，以及其他瑞士必需的物资，停止对瑞士输入。最后，瑞士政府不得不听从我们的意见，与我们主动妥协。

通过以上种种努力，使我们与中立各邻邦的经济关系，从此慢慢有了进展。但"物物交易"的方法详细规定双方物名数目，只能部分应用，并不能满足我们的紧急需求，这在上文都已经说明。而通过订立通商条约，使双方的贸易符合互惠原则的举措，又太过于笼统，不能使双方供求在一定期间内完全得到保障，更不能完全割除以前的种种阻碍。因此，我们就决定兼用"以物交易"及"通商条约"两个方法的优势部分，并针对我们购货款项日趋困难的情形，设法加以解除。为达到以上目的，我建议，应依照三个方面，与我们中立的各邻邦分别订立条约：第一，该项条约，必须确立一定有效时间范围以切实履行。第二，在条约生效期间，彼此间互相输出的物资名目，必须详细规定。第三，我们"入超"应付的款项，该如何写明契据、如何付款，也要同时加以规定。参照上述三点订立条约后，我们与瑞士、荷兰、丹麦、瑞典各国分别商议，并订立了各种条约。

在上述条约订立之后，我国对输出与输入事宜的集中监管也日益加紧。同时，对于国内的外国货币及外国期票（债务人对债权人开出的定期支付货币的票据）的流通，也不能不加限制。结果也带来了一些负面影响，关于个人利益以及一些重要职业阶级的利益，都不免因此受到损失。此外，执行这种集中监管制度的时候，往往过于苛刻，或过于烦琐，以及有些本可避免的错误而没能设法避免。我不能不加以承认，像这样的种种缺点，随时都会暴露，但是面对问题又不得有半点迟疑。尤其是商业界中人士，因为我们实行的这种贸易集中监管制度，大多丧失了用武之地，他们应该是受害很大的。但是，实在是被战事所逼迫，我们对于国外贸易不得不加以统一筹划，且这种事情又没有先例可以借鉴。因此，所有一切组织，都是摸着石头过河，需要根据实际情况自行开创新方法、新制度。采购总局的办事人员，在一九一六年超过四千名。这些办事人员必须从各地调来，加以编制及训练。我们的办事人员经手的贸易，其价值不久就达到数万马克，以至于数十万万马克之多，这就必须一一办理妥帖。

总而言之，这项贸易事业的规模，是前所未有的。我们当时所处的环境与所用手续，都没有先例可参照，必须靠自己灵活处置。而且当我们在绞尽脑汁的时候，战争也在不断地鞭策着，使我们不敢停歇一刻。当时可以说是各种事情迫切地等着解决，决策、立法，都是迫在眉睫的事，不能稍微有一点迟缓。因此，有时也直接参照历来兵法原则去做，即"决策可能是错的，但总比什么也不做强"。

第六节　德国战时的顺利输入

因实行上述对外贸易集中监管制度所产生的许多缺点与困难，以及被各界批评攻击的事，我都会果断承受，以免妨害大礼。有时甚至在被人批评攻击的时候，我既不敢做出辩护，又不敢将这种制度所收到的效果，向众人宣布，更不敢当众讨论这项问题，最多只能邀约少数要人，进行秘密谈话而已。因为我若将所得效果，当众公布，那么敌人方面，就可以探悉我们的工作情形，势必会想各种方法进行破坏。这样一来，我们侥幸获得的输入物资的机会，又将从此丧失。

现在战争已经结束，我对于当时的实情，尽可以坦然地讲一讲，也不会有损德国的利益。我下面就举几个事实例子，以证明当时我们与协约国苦战的时候，对于中立各邻邦市场，不但能够维持德国往日的地位，而且比战前还有所改善，并将英国的采购来源，夺取了一部分。

第一，我可以很明确地说，在战争阶段，我国的商业活动虽遭受协约国方面的封锁；而我国的输入事宜，却能保持某种限度，并非当时一般局外人士所能揣测。

第二，德国的战前输入，就一九一三年来说，其价值是一百零八亿马克。等到了一九一五年，协约国对我国完全实行商业封锁之后，而我国的输入价值，仍能保持七十一亿马克的数目。到了一九一六年，上升到八十四亿马克。一九一七年又降为七十一亿马克。实际上，我们输入退步的情形，还不止这些。自一九一五年以来，物价飞涨，如果仅仅用输入价值作比较，实在不能表示当时输入的实际情况。但是无论如何，当时有巨大数量的输入价值，即便是将各种货物所涨的价格扣除不算，仍然是非常可观的。由此可见，当时协约国方面，虽极力阻断我国海外的物资来源，以及禁止、阻挠中立各国对我进行物资输入，而我国每年的输入总额，却仍然不在少数。倘若吾再将所输入的各种物资的重量，一一加以比较，就可证明我以上所说的都是实情。

此外，还有一件事，是我必须同时声明的：即我们在物资输出上的衰退，远远超过了物资输入。在一九一三年，我们输出的价值，有一百零一亿马克。仅仅比同年的输入价值少了七亿马克左右。到了一九一五年，我们的输出价值就一下子降到了三十一亿马克。竟比同年的输入价值少了四十亿马克。之后到了一九一六年时，我们在万分困难的环境中，以及本国军队居民用度每日增加的时候，虽然能够设法慢慢将输出价值的总额，增加到三十八亿马克。但同年的输入价值，也大为增高，结果，"入超"的数目更是增加到四十五亿马克。至于一九一七年的对外贸易，输入价值是七十一亿马克，而输出价值仅有三十四亿马克，"入超"为三十七亿马克。再加上大战期间，筹集外币变得异常艰难，于是，中立各国的货币不断增值；而德国的马克价值，则日益贬值。结果，德国每年对外贸易决算（根据年度预算执行的结果而编制的年度会计报告），常常成负值，多达数十亿马克。

至于我们的输入之所以能在一定程度上保持不中断，是因为与我们相邻的中立各国（罗马尼亚在一九一六年八月月底以前是中立邻国之一，后加入协约国一方）取代了从前协约各国以及其他中立各国（只能通过海路运送物资入德的邦国）对德国的贸易输入。在另一方面，与德联盟的各国，则各因本国战事用度日益剧增，实在没有多余的力量来支援德国。在一九一五年，德国的输入总额，常将至七十一亿马克（一九一三年输入总额，为一百零八亿马克）输入德国之数，却增至三十五亿马克。（一九一三年该中立邻国等，输入德国之数，仅有十一万万马克。）到了一九一六年上半年，此项中立各邻国输入德国之数，仅占德国输入总额百分之十左右者，殆不可同日而语矣。

有许多重要物产，战前本来由协约各国或中立各国（只能由海路运送物资入德的中立各国而言）输入德国，到战争开始后就由中立各邻邦全部取而代之。有时输入德国物资的数目，甚至远比战前多。其中尤其以畜类一种最多。因为畜牧业在中立各邻邦中，尤其是在荷兰、丹麦两国，一直以来都是最发达的。比如，猪肉这一项（火腿也包含在内），在一九一三年，输入德国的数额，是二万一千六百吨。到了一九一五年，竟增加到九万八千二百吨。此外，战前牛油输入总额之中，由沙俄西伯利亚输来的牛油，常超过总额的一半。开战后虽与沙俄的贸易来往中断，而输入总额却由五万四千二百吨（一九一三年）增加到六万八千五百吨（一九一五年），只有牛奶、乳皮两种物资的输入量，比战前少了很多。同时，干牛酪的输入量，也由二万六千三百吨，增加到六万七千三百吨，比较战前增加两倍还要多。至于乌青鱼的输入量，也由一百二十九万八千桶，增加到二百八十八万三千桶，比战前增加一倍以上。

上述各邻邦对我国的输入，对于当时我国对外战争的开展，起到了很大的帮助。但同时这些邻邦的生产能力，也不能突然就满足我们这么大的需求。我们将需要输入的数额，添加这么多，而这些邻邦又必须先满足本国自己的消费，或对其他各国采购的物资数额，大大加以限制，然后才有额外的力量帮助我国。

当时这些邻邦确实曾那样做了。他们对于其他各国来的采购额度，确实曾加以限制。尤其是对于英国，特别加以限制。我下面举几个例子来证明。

在战争期间，德英两国，常常在荷兰市场互相竞购物品。现将荷兰一九一三年至一九一六年，输入德英两国的物资数额，列表如下：

表1：荷兰输入德国的物资单位：吨

	牛油	干牛酪	猪肉	鸡蛋
1913 年	19000	16100	11000	15300
1915 年	36700	63300	55100	25200
1916 年	31500	76200	25100	36400

表2：荷兰输入英国的物资单位：吨

	牛油	干牛酪	猪肉	鸡蛋
1913 年	7900	19100	34000	5800
1915 年	2500	8400	7600	7800
1916 年	2200	6800	10300	800

通过对比上面两个图表，可知德国在大战的时候，从荷兰进口的本国平民及军队所需的各种

重要粮食，远比战前增加；反之，荷兰输入英国的物资数额，则比战前大为减少。

同时，德英两国在丹麦市场上的竞争，其情形也是这样。比如丹麦输入英国的牛油数额，由八万五千三百吨（一九一三年）降为六万六千三百吨（一九一五年）；反之，丹麦输入德国的牛油数额，却由二千二百吨升为二万五千二百吨。同样，丹麦输入英国的猪肉数额，由九千四百吨（一九一三年）降为一千九百吨（一九一五年）；反之，丹麦输入德国的猪肉数额，却由三千八百吨升为一万七千九百吨。再如，丹麦输入英国的鸡蛋数额，由三万吨降为一万八千八百吨；而丹麦输入德国的鸡蛋数额，则由一千二百吨升为一万三千吨。

在瑞士方面，甚至于在挪威（该国与英国的关系在一段时间内是最好的，而且不靠德国输出物品为生）方面。像畜牧业、渔业的产出，以及对于军用制造最为重要的若干种原料，德国不但能够保持顺利采购，而且每天都有所改善。瑞典铁砂，含磷非常高，是德国各种钢铁制品不可缺少的原料，我们都可继续由瑞典输入。又如"硅铁"（Ferrosilizium）与"铁合金"（Ferrolegierung），我们也可照旧前往瑞典采购。此外，瑞典所产的铜，也照常输入德国。至于木材这种原料，因为德国所产很少，不足以满足纺织业和造纸业的需求，也不得不向瑞典大量的采购。挪威，则是德国及其盟邦唯一的采办镍矿的地方。镍是军用制造不可缺少的物资，当时从挪威输入德国及其盟邦的镍矿，数量虽不是很多，然大战之际，能供给我们镍产的，也只有挪威一国。此外，挪威方面关于熟铜、生铜、硫黄、砂药、硝石等，也能继续输入德国。瑞士则能对德输入铝矿，也对我们帮助极大。

总而言之，我们当时的力量还不足以打破英国的海洋封锁。所以整个大战期间，对于一切隔海市场（只能由海路转运到德国的各市场）也不抱什么希望。但在其他方面，英国利用各种势力，想将我中立各邻国，也划入封锁界限之内。英国想通过这种方法使封锁效力，直达我国陆地边界，但最终未能实现。也就是说，我们对于跟我国接壤的各中立地带，在这场经济战争中，始终能够保持不中断的影响力。

不过后来这些维持中立的邦国，也渐渐被卷入了旋涡，大受其害。英国及其盟邦，不惜利用一切违背国际公法的手段压迫我们的中立各邻邦，对各邻邦的生产能力及生活情形，造成非常恶劣的影响。例如严厉限制其饲料的进口，以使我们中立各邻邦的畜牧业，衰退得很厉害。因为中立各邻邦也遭到削弱，结果，我们若是想向中立各邻邦讨求粮食，来解除自己面临的饥饿问题，就必须对他们做出特别的让步，以作为交换条件。

因为产生了这种情况，自一九一六年年底以后，我们就知道中立各邻国所能供给我们的资

源，现在在慢慢地枯竭了，于是我们不能不正视
这种危险的形势，随时放在眼中，以便预先筹划
应付的方法。

下篇

战争经济 Petrole

第一章　战争经济中之科学效用

第一节　提高生产能力

在军事上取得胜利之后，占领敌国的广大土地，可以使我们的经济基础得到扩大。同时，又因我们能在中立各国市场上占得优势，可以随意采购所需物资。但在事实上，上述两种获取给养的方式，均不足以解决我们因为战争关系以及海外交通断绝所产生的民食、畜粮、原料、成品货物、半成品货物等缺乏的问题。因为这些物品，历来是我国一切生产消费、经济组织的根本基础。所以，我们不得不思考解决的方法。第一，对于国内现有生产消费组织，应一律改用新法经营。并尽可能地发明替代品，以弥补断绝的原料。第二，对于现有人工生产模式，须设法将其工作效率提高。第三，对于我们工厂出品数目，以及国民生活情形，必须设法使其能与我们现在忽然缩小的生存活动范围完全相应。第四，对于军事所需物品，必须能够源源不断地供给。

我国自西门子（指德国大发明家，物理学家维尔纳·冯·西门子。见图2.1）时代以来（十九世纪中叶以来），所有纯粹科学、应用科学、企业雄心，无不取得长足的进步，并能互相辅助促进。这使我国的国民经济，在最近数十年间，突飞猛进。因此也引起了世界各国广泛注目与惊诧。我国在大战期间遭遇了前所未有的困难，我必须尽可能地把上述各种学术能力，加以充分利用。而且从前吾国七千万人的生活情形与经济组织，原来是以全世界物产作为制作基础，现在在此战事压

图2.1：维尔纳·冯·西门子

德国著名发明家、企业家，提出"平炉炼钢法"，革新了炼钢技术，并创立了西门子公司。西门子发明了"实用性发电机"，修建了电气化铁路，被誉为德国的"电气之父"。他一生发明众多，推动了德国乃至全世界的工业化进程。

迫之下，则不能不专靠本国有限的资源以维持其生存。

在重压之下，祖国的危难情形竟然促使我国的各种天才，一时间得到了大展身手的机会。所有国内的杰出人士，无不苦思冥想如何能利用天才的发明创造，将我国被敌人无限压迫和封锁的生存活动范围加以扩大、补救。没想到，在这种刺激之下，短时期里涌现出来的新发明种类的数量，以及对人工物料的合理利用程度，在世界历史之中都是前所未有的。可惜后来还是因为寡不敌众而输掉了这场战争，而德国这种奋斗精神，仍将流芳百世，并为德国前途放出一线光明。

在本文中，要一一详述当时我国提高生产力所用的各种方法，不太容易。甚至于简要叙述一下要旨，恐怕也说不完十分之一。所以现在只好简单举几种重要发明，作为例子来谈一下：关于我们组织极大规模的工厂，从空气中取出"氮素"的举措，我已经另著专篇叙述。这种"氮素"是我们军队需求日益剧增的子弹原料之一，保证"氮素"的供应不断，同时，我们农业所需的氮素肥料也就不用担心了。此外，我们又从德国的普通黏土之中，发明了提取铝的方法。自"碳化钙"实验成功以后，于是除用以制造"石灰氮"外，还可用来代替其他缺乏或稀少的物品。比如代替洋油、酒精，作为照明的燃料；代替外国金属物资，用作钢铁制品。甚至于可以用作"人造橡胶"及"酒精"的原料。至于铝，除了用以代替日益缺乏的铜之外，对于子弹制造及电气工业，也有很大用途。自橡胶输入来源大部分断绝以后，幸亏我们有"人造橡胶"及"改造旧橡胶"两种发明，及时弥补了缺失。虽然这种"人造橡胶"只能代替"硬橡胶"，但是我们对于"天然橡胶"需要的数额，却因此大为减少，从而使战争期间，我们的这项需要，能够勉强维持。

除此之外，我们的纺织工业以及国内居民的衣料，都因战争期间的无数发明，才不致破产、断绝。如从木料中取制纺线等，就全依赖于我们新的发明技术。一切农业、工业所需的包装材料，以及堑壕战（阵地战，双方挖掘壕沟，进行消耗战争，一战中的"凡尔登战役"和"索姆河战役"都是典型的堑壕战。见图2.2）中需要用非常多的沙袋，得益于新发明，这种沙袋原料也就不会短缺。再如，我们发明了"硝化纤维"（Nitrieren von Zellulose）后，使我们制造"无烟火药"时，不再以棉花作为其必需原料，而棉花这项原料，大多要靠进口。

图2.2：战壕里的德国士兵

一战中的大战役几乎都是堑壕战，战争带来的巨大消耗使双方都在一定程度上存在武器装备和原料不足的问题。到了后期更是进入阵地防御阶段，双方投入兵力达到百万以上，在反复争夺阵地的过程中，炮战成为主要作战形式。

至于农业方面，除上述的（氮素肥料）制造外，当时我们付出最多努力要解决的，就是饲料问题。因为自从外国这项输入断绝以后，国内的饲料变得极为缺乏。最初，我们设法将马铃薯中的水分排去，以作为长期的饲料使用（以前会有大批马铃薯饲料，因受潮湿而腐烂）。后来这种排除水分的技术日益进步，普及到了其他一直以来被认为没什么用的物品，如葡萄的叶子、马铃薯的叶子等，都化无用为有用，取得了非常大的成效。没过多久，我们又创制种种畜类辅料，尤其是黄渣辅料及麦梗辅料。此外，我们国内所需的油类物资异常缺乏，不得不一方面俭省起来，利用一般含有油质的种子及核仁；另一方面又从动物黄物（石片）之中，设法制取油类。这样一来，我们的油类供应情况，也就每天都有改善。

所有上述一切发明，大半均由国家，尤其是我所掌管的机关，加以种种提倡、联络、促进及组织运转。当我主持财政内务的时候，没有一项政治事务能使我心满意足，就像这类发明事业，可惜我参与这项事业的范围也很有限。与这种发明事业的成绩相反的，莫过于国会讨论这种事情。国会讨论往往既耗费时间，又没有什么结果。因此，我有时候难免在国会中轻易发怒或有过于固执的地方，但我这么做，大多数时候是由于厌恶国会讨论这件事，往往是讨论半天，耗时费力又没有结果，并将重要的问题搁置，不知道造成了多大的损失。我心里实在是积压了太久的愤怒，忍无可忍的时候，也就会一并发泄出来。

第二节　各种企业与人工的改组

除了上面提到的通过各种科学发明，来提高生产能力外，又因为战事促使国内经济情形发生很大的变化，所有的生产机关，一时都有改组的必要。在开战之初，尤其以制造大批军用物资与保全本年田间收种之事最为急切。在其他方面，一切专做海外输出生意或专靠海外原料为生的工商业，又不能不大加限制。这样一来，国内一般的企业家，以及公职人员、工人，等等，对于这项新问题、新工作，都有努力设法解决的必要。

关于各种企业的改组，大多出于各企业家的自发，而且能以自己的力量应付自如。这种善于适应环境以及坚忍不拔的精神，都使人为之惊讶。比如从前只生产平时生活用品的工厂，到了这个时候因受制造军用品可获得巨大利益的诱惑，大都改制军用物品。不仅是一般金属工业这样做，许多纺织工业，以及其他类似工厂，也投入到了改造子弹以及火线（电路中输送电的电源线）等物品。此外，新建设的军工厂，更普遍地开花。

至于人工改组问题，则远比上面的企业改

组困难。这场战争最先带来的影响，是令人可怕的失业问题。造成这种状况的主要原因是：大战开始后，国内数百万最能做工的人，都已开赴前线；国民经济方面，才感到工人被夺之苦，所有留存国内的人，正宜尽量利用，以提高生产力。然而当时情形，却不是这样。往往数十万人，必须立时离开工厂，而且前途茫茫，找不到工作。发生此种现象，其中虽然有一部分，是不可避免的，但也有一部分，却是由于工厂方面的过分限制，或无故停工所导致的。再加上各种企业改组的时候，一定是需要一段时间去适应的。这时所有开除的工人，当然不能立即找到新工作。因此，国内的失业情形，一时间变得非常严重，这从下文的统计就可以看出。

在一九一四年七月时，男工方面，每一百个缺额出来，共有一百五十八人候补。到了一九一四年八月之际，每一百缺额出来，竟有二百四十八人候补。至于女工方面，在一九一四年七月之时，每一百缺额出来，共有九十九人候补。到了一九一四年八月之际，每一百缺额出来，竟有二百零二人候补。

因为这个缘故，开战没多久，政府对于这种情况，立即出面加以干涉。因为这件事与工人自身利益以及国家生产效率有很大关系。后来政府设立了"职业介绍所"，专门解决失业问题，并使其能与当时军事时代的需要情形适合。

"职业介绍所"的设置，虽然在战前已经存在，但非常不集中，除了一般小介绍所外，原来有"公立职业介绍所""招工介绍所""求工介绍所"及"供求职业介绍所"四种。但彼此之间，各自独立办理，互不联络。等到战争开始时，内务部方面才设置了"全国职业介绍总局"。所有上述的各种职业介绍所，必须随时将其招工、求职的情形报告总局，以便由总局方面设法调剂。一九一四年八月九日，总局开始办公。其责任，不仅在于联络上述各种职业介绍所，如果遇到紧急情形，还往往要自行调集工人，直接从事各种工作。比如大战刚开始的时候，需要由政府方面对工人的工作进行局部的调整，安排他们从事田间收种工作，从事炮台筑造工作，从事陆军海军制造局及其附属工厂的工作。如遇国内工业农业方面缺乏劳工时，则又由总局方面，分配一些俘虏前往工作。

此外，我们还有许多辅助方法，以弥补职业介绍的不足。比如新增设一些工作机会，以安插一般的赋闲工人；限制各厂每天的工作时间；禁止加工及夜工；分别委托各厂制造军事用品（限于某种工厂），以减轻工人失业的压力。对于一般的失业工人，还随时给予一些接济。

正当工人问题刚得到解决，国内的情形却已经发生了很大的变化，当局的职责也随之发生调整。因数百万人民改充兵役以及军事用品的需求日益剧增，国内的男工顿时不足。如前文所说，在一九一四年八月的时候，每一百个男工缺额出来，有二百四十八人候补。到了一九一五年四月的时候，每一百男工缺额出来，就只有一百人候补，供求恰恰相当。后来又过了几个月，需要男工的情况，一天比一天多。结果，到了一九一五年十月的时候，每一百个男工缺额出来，竟只有八十五人候补。到了一九一六年十月的时候，则每一百男工缺额出来，更是只有六十四人候补。

反之，女工失业的情形，其改善却非常缓慢。原因有两点：第一，由于女子不需要服兵役；第二，由于国内各厂营业时间有所限制的时候，女工多的工厂受限最普遍（比如纺织工业之类）。因为这个原因，一九一五年七月（开战后第二年），每一百个女工缺额出来，共有一百六十五人候补。后来因为纺织工业限制营业，到了一九一五年十月，每一百个女工缺额出来，就增加到一百八十二人候补。但到了一九一六年四月，每一百个女工缺额出来，又减少到一百六十二人候补。到了同年的十月，则更减少到一百三十五人候补。

男工缺乏的数额，日益增长；而女工过剩的数额，却照旧保持。因此，不能不赶紧想一个办法进行调节。最终，政府决定：国内各行业凡是可以用女工代替男工的，都用女工。现根据工厂疾病保险公司一九一四年七月一日至一九一六年七月一日的统计，可知全国工人总额中，女工增加的数额是多少。炼矿工业、金属工业、机器工业的女工由百分之九，增加到百分之十九。化学工业的女工由百分之七，增加到百分之二十三。电气工业的女工由百分之二十四，增加到百分之五十五。

专就一九一五年七月一日至一九一六年七月一日一年间疾病保险公司的统计来看，女工增加的人数，就有七十二万人左右。

至于童工方面，也和女工一样，能使用的地方都尽量使用。为了尽量使用女工、童工（见图2.3），以利于战事的进行，政府在一九一四年八

图2.3：西线战场上的德国前线女劳工

由于巨大的战争消耗，德国国内的劳动力明显不足。在这种情势下，德国一些兵工厂内也开始使用女工。

月四日，颁布了一项法律，准许国务总理，对于之前的一切保护女工、童工的条例，可以届时停用，并暂作例外处置。因战事紧急，对于这项保护条例中的许多规定，当然不能绝对严格实行。我们的作战行动，不仅限于战场之上；所有国内各种业务，也必须全体动员。无论对于国外战场与国内业务，都不得不将全体国民力量集中起来孤注一掷，以谋求全国生存之道，以消灭敌人灭我之心。

这种抵抗意志，当以后来所颁的救国服役条例中"工作动员"一事，最能表现出来。关于此事，我将在下面，另外专门详述。

第三节 消费条例与国民粮食

我们利用科学方法与优良组织，并善于利用可用的劳动力，促进本国生产。虽然取得了很好的效果，足以缓和我们正在遭遇的困难境地，以便尽力地抵抗敌人。但这种成效，却不能使我们粮食原料缺乏的问题，就此得到解决。对于限制消费的措施，也不能因此就可以停止。

对于消费的问题，到了这个时候再不能任其自然变化。如果限制消费的措施，仅依靠抬高物价，以使购者慢慢无力购买更多商品。结果就会导致富裕的人仍然可以多多置购，而贫穷的人就不得不陷入饥寒。这实在是社会政策所不允许的，我们必须设法加以阻止。因为战争的缘故，我们饱受物资缺乏之苦，只有全体国民齐心同赴国难，各自限制自己的消费，才能渡过难关。

但只规定各种货物"最高价格"这种办法，

也是无济于事。因为通过法令强制定价，就将经济上"供求趋势支配物价"的原则，从根本上打破了，而同时又没有其他的"支配原则"来代替。假如通过法令将物价定得很低，并不准其自由增长，那么很多货物的生产制造商及营销商，势必将裹足不前；而我们对于一般的消费者，仍不能因此使他们自行限制。规定货物"最高价格"的制度，原是想保护居民生活，不过分地受贵族的影响。但在其他方面，如果我们不愿坐视货物来源断绝，就必须另行颁布各种特别条例，来补救这项制度。比如限制居民消费；照收国内货物；以至于国家方面可以将各项日常生活用品的供给事务，完全接手办理。

凡是生活用品，越是居民所必需的，其存货数量就越稀少。那么这种必需品就越是需要国家进行干涉。

因此，关于粮食管理一事，就不能不先从对面粉的管理上下手。后来这项面粉管理方法，逐渐形成一种制度，跟当时全部"战争经济"的进化，具有密切关系。

关于面粉管理问题，除了由国家规定"最高价格"外，并于一九一四年十月，颁布"限制消费"的法令，对于滥用麦子制造饲料的举动，也强令禁止。此外，又规定碾麦的时候，必须掺入若干附料。比如"小麦面包"之内，必须添加若干黑麦。在"黑麦面包"之内，又必须添加若干马铃薯（或马铃薯粉）。后来这项规定日趋严厉，并得到一些补充。

一九一五年正月，为了坚决果断地明确以上的规定，我们更进一步，先将每人每日所需面包及面粉数量的最高限度，确切规定。并发出一种"面包券"及"面粉券"，以便居民每天按券采购。同时，又将这项经营全国现存面粉的事务，委托"战时面粉总局"包办。至于这项总局组织，是一九一四年十一月由私人方面所发起的"战时面粉公司"的基础上，加以扩充改组后成立的。所有全国现存麦子，全部都加以没收，交于总局接管。然后再由总局加以储藏碾磨，并交由全国各地新成立的"面粉领取机关"分配。所有关于到面包铺子领面，以及本地居民领券的一切手续，则由该地"市区工会"承办。

一九一五年六月二十八日，政府再次命令，对"战时面粉总局"做了最后一次的改组。从此以后，关于麦面问题事务，改由"全国麦面总局"办理。局内分设行政和商业两个部门。"行政部"具有同政府的各种特权，"商业部"则依照商业性质办理。这项新组织与以前的组织的不同之处在于：现在（一九一五年）麦子的收成，并不直接由"全国麦面总局"没收，而由各地"市区公会"没收。因为"市区公会"关于执行没收手续，以及检查本地情形，是最适当也最便利的。其在"市区公会"方面，则又负责将没收之麦，交于"全国麦面总局"及其制定之机关。

通过以上内容可知，我们对于管理面粉事

宜，显然有两个特点：一方面是将"没收国内存麦"与"经营面粉生产"两者，兼图并进。

这种管理面粉事宜的组织，所取得的效果，可以说是十分圆满。我们不但对于军队及居民方面，能提供充分的不断的供给；而且能使面粉价格下降，远比其他各国（包含交战各国、中立各国以及美洲各国）低。德国在大战之前，因实行农业保护关税的缘故，国内麦子的价格，在平时就高居世界第一。等到开战之后，外国输入就断绝了；同时又因田间工作不力，肥料供应不足，本国麦子收成远比战前差。然而当时我们竟能在这种情形之下，慢慢将国内的麦子价格，降到那样低的程度。

不过面粉本来就非常有利于官营。因为全国所需面粉以及所存麦子的数额，比较容易计算，检查的方法也很简单，黑麦及小麦的保存及运输也很便捷，它们的区别，相差并不是很远。上述种种便利的情形，都使国家统筹支配的举措，易于进行。至于其他各种粮食，则多缺乏这类优点，即使有，也不如麦子的便利多。因为这个原因，在大战初期的时候，当局方面还没想到要将这种面粉管理制度，移用于其他各种粮食之上。专就马铃薯这种粮食来说，它就不便实行这种统一的管理制度。关于马铃薯存货数量，因为马铃薯都储藏地下，很不便于调查。再加上保存难度大，种类偏多，更使统一管理变得异常棘手。至于其他最易腐朽的物品，像蔬菜、果品、肉类、牛奶、牛油、鸡蛋、鱼类，等等，尤为难于集中管理。

后来，当局方面鉴于上述各种物品慢慢供应不足，就想利用其他种种方法，以使这类物品，能以公平的价格平均分配。当时所用的方法，或是靠商业监督制度，或是通过公司专卖条例，或是由市区公会出头，与商人方面或生产者方面，订立各种交货条约，或是令生产者，将其货物，缴于省政府或市区公会；或是随时规定各种货物价格。此外，还设置"盘查物价公所"，以及"检举重利衙门"等。但上面列举的各种方法，收效往往不如所期望的。因为这个原因，明知前面难关重重，也不能不逐渐采用果断措施，以求最后解决，就像面粉管理取得很好的效果那样。从此以后，对于各种食品问题，都由"部分干涉"，进而转变为"集中管理"，并以上文的面粉管理制度作为模范。于是政府分设各种总局办理。每个总局之内各分行政、商业两个部门，以行使政府职权及商业职责。接着，所谓"全国马铃薯总局""全国瓜品总局""全国蔬果总局""全国白糖总局""全国肉品总局""全国食油总局""全国鸡蛋分配总局""全国鱼类食品供给总局"，等等，无不一一成立。而且这类总局，大多设有其他附属机关，如"战时蔬菜公司""战时池鱼鳗鱼公司"之类。

我对于将这种"强迫经济"的办法，施行到一般不适于国营的行业的做法，当时屡次加以反对。即使在今天，我仍然以为：有许多行业因受"强迫经济"的影响，以致弊多于利。因为"强迫经济"常常使生产者方面产生混乱与误会，并酿成生产停顿的灾祸。此外，还有大批最容易腐烂的食品，如果由商人直接卖与雇主，本来是非常便捷和安全的；而现在则因"强迫经济"的缘故，致使很多食品腐坏变质而失去价值。结果当然是，生产者与消费者两方，无不大受损失。而且由于过分滥用"强迫经济"的手段，常常使商人私下交易的事情与日俱增，因此而带来的损失尤为不可思议。一方面政府检查的机会很少；另一方面又因"强迫经济"过于严厉，乘机侥幸避免的人日益增多。这样一来，私自交易就变得防不胜防，无法禁止。至于通过施用重罚来防范，也起不到很大作用，而且有时会有适得其反的结果，以致贩运私货的商人数量更多，私下所定的价格更高。因此，我认为：当时处罚如果稍微轻点，那么贩运私货的事或者反而可以减少。但我所提的一切抗议，可惜都没效果。原因是"战时粮食督办署"及其附属的各种总局，实有一种趁机扩充自己权力的雄心。再加上当时督办署中附设的"国民粮食委员会"（由国会议员所组织），赞成各种粮食事宜统由国家经营的人数众多。于是该督办署人员包办一切的雄心，更加变得不可抑制了。

第四节　重要原料收归国有

关于工业原料问题，在战争刚开始的时候，就由陆军部方面，设立"军用原料司"一部门，专门管理相关事务。

该部门对于国内所存的不能自行增加产出的各种军用原料，立即加以没收。这种情况尤其以德国国内不能生产或产额过少的矿物原料及纺织原料最明显。

收归国有的方法，先从"没收"下手。没收之后，原有物主对于该物，就不得自由任意转卖或制作。"军用原料司"对于国内所存各种原料，大概只进行检查监督，而不直接充公。但也有许多原料，必须立即加以充公的，比如，净铜、混铜，以及镍、锡等，不但工厂商家所存的这类原料都要一律归公，甚至于各家各店用这类物质制造成的器皿，也必须一律上缴给政府，以备军用。

至于对这类原料的分配方法与用途的监督，是以当时所定"接收存货及用途报告"的经济条例为准。这项条例之中曾提到：当事者务必要斟酌情形，根据不同的情况采取相应的处理措施。对于各处请求原料的情况，必须考察其缓急，分别处置。此外，更应随时设法寻求这类原料的代替物品。总而言之，分配这类原料的原则，当以不影响军用制造为主。

管理原料的事，正与管理粮食的情形相同，一半属于政府性质，一半属于商业性质。比如对于存货的分散与集中、没收与充公，规定各物价格的高低，经济条例的制定，分配原则的确立，都只能以政府权力来办。但对与此有关的工商各界意见，必须同时加以顾及。反之，关于没收各物的接管以及给价，无论在德国国内，还是在德军占领地之内，在德国同盟各邦之内，在可以来往的中立国内，无不如此。运输、存储、分类等手续，则完全属于大规模的商业性质。为处理这类商业事务，乃邀集经济界人士，共同组织一种机关，即所谓"战时原料公司"。

为了供应军队的需要，政府实行没收各种重要军用原料的措施。结果，所有国内居民的日常用品，无不因此大受影响，尤其以没收纺织、皮革两种物品所带来的影响最严重。后来，军事当局将所没收的皮革，发出一部分以供居民使用，并于一九一六年春季，特组一种机关，以专管这种分配物资给居民的事。此外，更因纺织原料缺乏，军事当局为急于准备军用物资，将各厂已织成的衣料，也都加以没收。这尤其使居民衣物供给大受影响。等到一九一六年二月一日，已经颁布没收一切衣料原料以及换洗布料的命令以后，筹划居民衣物的行动，就不可再拖延了。所谓后来的"全国衣服总局"，也就由此成立。其责任仿照"粮食券"的办法，以处理居民衣服的事（但这种券制，用于衣服，却远较用于粮食为难）。同时，并设法利用旧衣旧料作为辅助支持。

当时，我刚接任内务大臣的职务，除筹划"国民粮食"以外，更须解决这件"国民衣物"的重大问题。

后来，原料与劳动力日益缺乏，仅用部分的限制衣物消费的方法，实在不足以维持局面。于是我们的职责，变得更加繁重。

当"军用原料司"方面，分给各厂这种有限

原料之时，对于一般工厂的营业产生重大影响。分配方法，共有两种：

（一）所有国内工厂，一律同享分配权利。至于分配数量的多少，则以该厂制造能力大小为依据。结果也不容乐观，各厂之中，均只能一部分开工。

（二）分配原料之时，只以制造能力最大的工厂为限，以便该厂能够全部开工。至于其他制造能力薄弱的工厂，则一律任其停办关闭。就经济论点来看，第二种办法较为完善。因为可以减少人工煤炭等的消耗；但就民生政策来看，第一种办法也有其特长，因为各家工厂的待遇都是一样的，而且一部分工厂停止营业开除工人的做法，也可利用各厂同样减少工作时间的方法代替。

在国内的劳动力与煤炭等资源还不是很缺乏的时候，第一种办法，是当局所乐于使用的。而且在事实上，当在"战争经济"初期的时候，政府也大多采用第一种办法。尤其是对于原料来源极为缺乏的纺织工业与皮鞋工业，都采取"各厂分配"的制度。因此产生的各厂减少工作时间的问题，则由社会方面筹集巨款，以补贴各厂因此而减薪的工人。

到了后来，因为军用物品的需要日益增加，劳动力的需求也随之大增。同时，工厂所用的煤炭及其他原料，也有大加俭省的必要。到了这个时候，不能不逐渐采用第二种办法。以便制造能力最强的工厂得以全部开工；而其余制造能力较弱的各厂，只好听其停办关闭，无法再顾及民生等各种问题。此尤以"兴登堡计划"（当时德国陆军总参谋长兴登堡的副手鲁登道夫将军制定的五万六千吨大型战舰计划）与《救国服役条例》，以及一九一六年与一九一七年之交，煤炭大为缺乏诸事，才导致政府改用第二种办法。其实，在上面那段时间之前，我就已深深觉察到：如果想尽量利用人工原料，不使人力、资本、材料滥用，以利于军事行动顺利进行，那么直接干涉一部分工厂的措施，实在是不可避免的。

一九一六年六月八日，政府因鉴于人工缺乏，就下令禁止增掘加里矿坑。后来（一九一六年六月二十九日），对于各处洋灰工厂的新建及扩充，也加以禁止。因为当时正值专卖条约到期之后，不再续签，所以生怕一般的洋灰工业，趁机滥用人力财力，从事新建或扩充，政府特地下了这道命令，就是为了预防。此外，我还努力奔走于联邦各政府及军事机关之间，设法禁止一切无关住房的建筑，以便节省劳动力与材料。最后，我更将前面讲的"经济效率原则"，应用到肥皂工业上。战前德国这项工业，不下二千余家，大多规模很小。现在则只挑出几个最大的肥皂工厂，由政府继续供给油料，使其继续工作。其余各家小厂，则令其暂行停工。但那些小厂，可以向上述各大工厂订购货物，并打若干折扣。小厂购到货物之后，再各用自己的商号封皮包好，发售到市场上去。同样，对于皮鞋工业，也用类似的办法解决。

但我对于新闻事业，则因其有关公众福利的缘故，却不能不特别顾全各种小报营业。恰与上面所谓"经济效率原则"相反。

当时造纸原料日益缺乏，后来又面临煤炭不足的困难；于是我们不可避免地要对新闻行业做出干涉。我们对于造纸原料的置办与加工，虽已十分努力，但仍没有取得很大的成绩。原因是当时德国国内，非常缺乏劳动力，以砍伐各地造纸木料。同时，军队方面，因修筑战壕的缘故，需要的木材日益剧增。而来自外国造纸木料、纤维素（Zellstoff）、印刷纸的供给，又因协约国对德国实行封锁的缘故而日益减少。再加上当时，一方面，造纸原料的需求日益加增，尤其是制造战壕沙袋，需要用这种原料最多；另一方面，又因为利用"纸张硝化"的方法来造"无烟火药"，纸张的需求量也与日俱增。于是，我们特别新建了许多工厂，以满足上述两种需要，结果，这些新建的工厂，就与国内新闻行业互相争购纸张，更是使纸张缺乏的情况，越来越紧急。

在此情形之下，造纸原料的价格，以及印刷用纸的价格，当然大大抬高。而当时各家报馆经济方面，更因广告收入减少的缘故，早已快支撑不下了。再加上印刷用纸的价格飞涨，更难以坚持。我为维持各报继续出版，尤其是中小报馆，能够继续营业，特于一九一六年春季，以财政大臣资格提出国库款项若干，以平抑"印刷纸价"。

自此以后，报馆经济难关，虽已设法渡过。而印刷纸张缺乏的问题，却依然没法解决。当时我们虽然用尽各种方法，以谋求救济；而纸张缺乏的情况，却仍是一天比一天严重。到了最后，市上所存的有限纸张，大有尽被各家大报争购而去的势态。其余一部分小报，则陷入了可怜的孤立无援境地。因为国家当时已经支出大宗款项去平抑纸价，以维持全体报界的平衡；则不宜再继续听任各家大报，自由争购纸张，独得其利。也就是说，到了这个时候，国家方面对于印刷纸张，得赶紧做出"限制消费"的行动。

一九一六年四月，政府专门组织了一个机关，名为"德报战时经济处"，先由调查实际供求情形入手，以整理德国报业用纸事宜。等到我做了内务大臣之后，还在上述"德报战时经济处"之中，特设一种委员会，由报馆纸厂代表所组成，以便他们随时参与商议。关于限制各大报馆纸张消费的举措，还要借助该委员会的帮助，才能一一实行。当时的具体情况是：对于国内各报用纸一律加以限制，实在是太难了。因为一般的中小报馆所出的篇幅，原本就有限。若再对其进行限制，那就等于对中小报馆宣判了死刑。反之，一般规模宏大的报业，每天出版所用纸张数很多，却是可以大大限制一下。至于各城各镇出版的地方小报，则因特别的理由，必须继续将其维持下去。这种"分级限制"的措施（限制纸张消费的程度，大报多于小报），当时曾得到委员会方面大多数委员的赞成。

后来，因为煤炭日益缺乏，我们对报业的限制更加严厉。于是一部分大报，对我大加攻击。甚至于一部分柏林报馆，对我采用一种类似罢工的手段。也就是说，各报业为了抗议，将我一九一七年三月在国会中所做的关于"内务部预算案"的演说以及我们所采用的"战时经济政策"，彼此相约表示不赞同。现在时过境迁了，当时攻击我很厉害的人，或许有一部分已经原谅、理解我了。毕竟我离开内务部之后，也没听说有人能找出一种更好的方法，以解决印刷纸张缺乏的问题。

报馆行业，与其他行业的性质不同。因为新闻传播事业，在战时比平时还要显得重要。若要使全国报纸的作用得到充分发展，必须使各地的小报，能够同时存在才行。因此，前面所谓"经济效率原则"专门帮助生产能力最大的工厂，以便充分利用劳动力与材料，以达到生产的集中管理，与报馆事业性质不是很符合。反之，对于其他一切不具有这种报馆特别性质的企业，则因战事需要，对于劳动力与材料，均不能不设法求其"最大效率"。由于情势所迫，政府就在一九一六年年底所颁布的《救国服役条例》中，将上述的"经济效率原则"赋予法律效力。

第二章　救国服役条例与兴登堡计划

第一节　缺乏子弹的难关

就当时的整体局势来说，完全有必要集中全国的力量，去克服我们所面临的一切难关。到了一九一六年下半年之际，军中子弹越来越感到缺乏，这时更觉得集中全国力量的事，不能再迟缓了。

自从战争开始后，我国钢铁工业方面，立即运用其宏大深远的谋略，努力得以使我国军队在一段时间内不用担心所需的各种武器装备会有缺乏，这确实是一个惊喜。但子弹消耗之多，尤其是钢弹需求量之多，在战事一开始，就已大大出乎我们的意料。当时所有的存弹，转瞬就会被打光。而各厂赶造的钢弹，又远不足以满足前线的需求。于是一九一四年九月和十月之间，在子弹供给方面，曾产生了极大的困难。这使我国军事的推进，顿时遭受一大打击，几乎酿成可怕的后果。因此，所有当时德国的钢铁工厂，凡是有改造子弹的可能性，无不一律改为制造铁制子弹，并以"灰色铁弹"作为暂时的救济措施。"灰色铁弹"的性能，虽没有"钢弹"好，但其长处，却在于可以立即大批供给。同时，我们更设法扩充钢弹工厂，没想到能在短期之内，成立九十余所这种钢弹工厂。这跟开战之初只有七所的情况，实在不可同日而语。而且这种工厂所产出的生钢质量，也很令人满意。我们的钢铁工业，在战事刚开始时，虽然曾受一种重大打击：比如一九一四年七月份，溶钢出品为一百六十二万八千吨。而到了八月份时，忽然减至五十六万七千吨。但其间因工厂方面的加倍努力，以及军界方面的特别通融，放回了各厂已经应征入伍的职工。这些职工驾轻就熟，结果，我国钢铁出品，不久就又增加了。到一九一六年夏季，每月便可出货一百四十万吨左右，约等于战前每月出品的百分之八十五。此外，又因制造钢弹之时，改用"托马斯钢"（用英国发明家发明的碱性转炉的炼钢法冶炼的钢，是二十世纪上半叶西欧的主要炼钢法）以代替日益缺乏的"西门子—马丁钢"（用德国发明家和法国炼钢专家马丁所发明的平炉炼钢法冶炼的钢），于是钢弹出品，忽然呈现出突飞猛进的现象。

通过以上努力，所有从前一切埋怨子弹缺乏的声音，渐渐沉寂下去。后来，前方所需求的子弹，没有再出现过缺乏。在一九一六年五月的时候，我曾向当时的陆军大臣阿道夫·冯·霍亨伯恩（Adolf Wild von Hohenborn）探寻凡尔登战役所需子弹的情形。该大臣尚向余保证，说我们子弹储存多，造弹速度快，足以应付。

　　谁能想到就在当年七月一日爆发的索姆河战役（一战中规模最大的一次战役，是一场消耗战），竟成了巨大"消耗战争"的开端。英法方面之胶队子弹，顿时占据了优势。对于敌军的这个优点，无论在我们的统帅方面，还是在我们的陆军部方面，在我们轿兵监方面，当初显然都没有考虑到。我们的重要军事机关，对于未来子弹消耗的巨大，没有一种切实打算，这从下面的事件就可看出：之前国内钢铁工业，与政府所达成的托马斯钢弹交货合同，将于一九一六年六月三十日到期。因此，钢铁工业总会主席，特于数月之前，向当局方面通知，并敦促政府及时续约。而我们轿兵监方面，对于此事却显得不着急，甚至很淡然地处置。等到钢铁工业总会主席等了很久，没有接到回音，就在六月份再次向轿兵监方面催问情况。终于，在七月二日收到回复信，信中称："现在因为情势紧张，需要大批托马斯钢弹，并请速回电告知你们能够生产的最高产量……"又过三天之后，托马斯钢厂才召开会议，讨论这件事。当时参与会议的军事机关，曾提出每月急需的托马斯圆钢（用以制造钢弹者）数目，这个数目竟超过托马斯钢厂每月产出最高限度，多达数倍。此外，在军事机关仓促订购各种钢制货物（如达姆弹、手榴弹等）之时，并没有通盘的计划。结果，各处关于采办原料的事，往往互相竞争个不停。

军事机关的这种要求，范围太广了，实在是前所未有。在钢铁工业方面，军方则立刻将其他一切出品，甚至于中立各国订制的货物，一律暂时停造。而且要想改制大批子弹，各厂内部都得临时改组。而这种改组手续的繁难程度，远胜于之前大战初开时各厂的临时改组。但各厂当局对于改组的事，也没有不赶快进行的。最终，定于八月十八日，在陆军部内，将一切条件（比如要求军事机关放还若干专门匠人，发还所需制造原料，以及关于订购货物的事，必须统一进行。其他一切需要，如中央铁路总局所需的轨道，等等，必须暂时加以搁置）共同讨论表决。但后来这种讨论，并没有产生什么实际效果。据参与会议的说：所有陆军部代表与轿兵监代表，以及工程师团代表，对于这类问题，都没有发表什么高明的见解。

于是，工业界各位代表，就开始跟我商量这件事。当时这些代表对于军事机关办理此事的情况，表现得非常不满意。我因此督促他们，快向陆军部代理大臣接洽（当时陆军大臣本人，正留滞在前线大本营中）。因为我认为该代理大臣一定能立刻设法解决这个问题，但这些工业代表对我的劝告，存有很多顾虑与怀疑。他们只是表示愿将我的劝告，立即转达给工业帮会方面而已。几天之后，我又接到代表们的来信，通过信件我知道他们对我的劝告，已有一部分人采纳了。

据当时的情况，他们已经直接发电报给陆军大臣，请他接见钢铁工业方面派往大本营的两位代表，以便就近讨论制造子弹问题。没过多久，陆军大臣方面就回电称：陆军大臣此刻正在东线战场，一时不能离开。关于子弹问题，请直接向柏林陆军代理大臣接洽……后来，克虏伯（Krupp von Bohlen und Halbach，德国著名军火制造商。见图2.4）先生，又亲自向陆军大臣发了一个电报，而他收到的回电内容，也是说向陆军代理大臣接洽。

图2.4：印有古斯塔夫·克虏伯与夫人照片的明信片

克虏伯是德国的著名军火家族企业，创始人是"火炮大王"阿尔弗雷德·克虏伯。1902年克虏伯公司的第二代总裁弗雷德里希·阿尔弗雷德·克虏伯因同性恋丑闻自杀，德皇为防止克虏伯公司落入敌对国家手里，在1906年挑选了年轻的外交官冯·波伦·翁德·哈尔巴黑，让其入赘克虏伯家族。

德国钢铁工业总会方面，于一九一六年八月二十三日，将当时的子弹制造情形、会议意见，制成一种报告送交陆军大臣，及其他重要军事机关。我也向会议索取了一份报告作为参考。在此以前，我因国务总理将到前线大本营，曾向其详详陈述子弹制造方面的情况，并请其速向参谋大臣埃里希·冯·法金汉将军（在凡尔登战役后被解职，由兴登堡接任总参谋长）及陆军大臣转述时局情形的严重；并表示关于定制子弹一事，确实有改革制度或变更方法的必要，等等。

又过了几天之后，法金汉将军被解职，而在八月二十八日由兴登堡（保罗·冯·兴登堡，德国陆军元帅、政治家、军事家。见图2.5）元帅继任。国务总理在赴前线大本营之时，对于调换参谋大臣的事，还不知情。我将最近的"德国钢铁工业总会报告书"一份交给国务总理，请其带到大本营。但国务总理到了大本营之后，遇到元帅兴登堡及鲁登道夫（埃里希·冯·鲁登道夫，德

图2.5：兴登堡元帅

　　保罗·冯·兴登堡出生于军官家庭，参加过普奥战争和普法战争，一战爆发后，德军在西线战场失利，兴登堡在东线的坦能堡会战中，击败入侵的俄国军队，并晋升为元帅。1916年8月，兴登堡被任命为总参谋长（实际掌握实权），战后当选为魏玛共和国总统。

国陆军将军，兴登堡的得力副手。见图2.6）将军两人，这时才知道他们对于这项问题，早已了如指掌，并已决心采取果断措施处置。后来兴登堡元帅就于八月三十一日，致信陆军大臣，请其用全力赶造枪弹，并将信函录了一个副本交给国务总理。

我于一九一六年九月三日，特致书鲁登道夫将军。其中提到："我从工业界代表方面，得知这项问题的各种苦难之处。我意以为：要想充分利用我们工厂的制造能力，那么当以下列三方面为先决条件。（一）所有工厂中不可或缺的专门制造匠人，应速从前线遣回厂内；（二）订购枪弹之时，必须统一进行；（三）将来组织总局办理此事之时，应该由钢铁工业界中，选一个精干人员作为顾问。我因为听说统帅方面现在决心处置这项问题，顿时感到心中顾虑消除，心情一时得到舒展。因为只有统帅方面能使陆军部努力做好这件事。"

图2.6：鲁登道夫将军

埃里希·冯·鲁登道夫出生于普鲁士没落的地主家庭，大战爆发后，他被调往东线战场任第八集团军参谋长，从此成为兴登堡元帅的得力副手。在兴登堡成为陆军总参谋长后，其被任命为第一军需总监（相当于副总参谋长）。1918年西线反攻失败后在国内政治势力的逼迫下辞职。

第二节 兵役义务的扩大

两周之后，国务总理再次接到兴登堡元帅一封信函，主要讲时局的复杂。并说："军队的补充，子弹的制造，尤其应特别加增……"同时，兴登堡元帅还提出若干条陈。其中最重要的，就是扩充全国男子兵役的年限，范围是由十五岁到六十岁（见图2.7）。而对于全国女子则一律承担"服役义务"。

我对于充分利用全国人力一事，虽然认为极有必要，但对于兴登堡元帅的这个计划，却不敢相信确实会有效益。因为当时德国兵役法律法定的年限，是以年满十七岁开始。而当时十七八岁的男子，尚且没有依法征集调用，何必再扩至年满十五岁的人？至于兵役年限，竟扩至五十岁以外了。若只扩至五十岁以内，我认为还有讨论的余地。我也认为由此所得的利益，绝不能抵偿

图2.7：被俘的德国少年士兵

一战是一场规模空前巨大的战争，欧洲许多参战国家都出现了兵源紧张的情况。德国施行《救国服役条例》后，对兵役年限进行了扩充，服役年龄限制为15岁至60岁。

因严酷条例所引起的许多害处。倘若"扩充兵役年限"只为一种"工作义务"的代替名词，则我更认为十分不妥当。当局如果对于新征集的兵立即变更命令，将其留在国内工作，则据以前多次"变更命令"所带来的恶果来看，实在令人不敢抱乐观态度。此外，兴登堡元帅主张，对于全国妇女采用"服役义务"以便补充男子职业缺额的措施，似乎对于当时女工代替男工已经办到之程度如何（关于此事，余曾于上文，略举几种数目，为之说明），以及当时女工人数，始终供过于求的实在情形完全不曾明了。也就是说，现在问题不是"如何能够多得女工"，而是"如何能为一般的女工谋得工作"。兴登堡元帅的条陈对于"强迫女子做工，有悖社会道德"这一点，似乎也没有十分注意。

如果当时的目的仅在于将男子的力量，特别集中于军事制造及重要生产上，并使女工代替男工的措施，也照着之前的方法推广，则我与兴登堡元帅的意思，差不多完全一致。但是该条陈中所提出的各种办法（关于此项条陈，是否能够取得法律形式效力，我暂且不管），如果一一实行，那么结果就会是：所得利益还不可预料，而因此所产生的损害与妨碍，却可以先明显地知道了。至于我认为可以实行的措施，是指当时各厂多已采用的"经济效率原则"，即充分利用所有劳动力的原则，并将其继续扩充，推及全国各种企业。同时，将女工代替男工的措施，再设法改进，凡是可应用女工的公私企业，都使用女工。同样，所有国内以及德军占领地军事机关与军用工厂，似乎也可以这种方针加以办理。我当时曾将这种见解，向国务总理进言，而国务总理就以我的见解回答兴登堡元帅。

第三节 最高战事衙门

对于上面的问题，后面还要继续讨论。最后，兴登堡元帅于十月十日，再次提出了条陈，并由格罗纳威廉·格勒纳（一九一八年鲁登道夫辞去陆军参谋总长后，格罗纳威廉·格勒纳接任。见图2.8）将军于十月十四日带交国务总理。在这次的条陈之中，兴登堡元帅对于之前所用的方法（陆军部中设置"枪弹局"与"工作局"），不能促进各厂工作能力一事，再三加以评论。并说："长此继续下去，将来也是没有什么效果。这两个部门既不具有独立资格，又没有大权在手，遇事不能大刀阔斧、快速处置、严厉监督、断然执行。同样，'战时粮食督办公署'这一组织，其缺点也正与此相同。因此，改组的举措，已是不能再拖延。

图2.8：威廉·格勒纳

　　1918年鲁登道夫辞职后，其于10月份接替担任军需总监职务。当时德国爆发革命，他劝说德皇威廉二世退位。1919年退伍，后来曾几次复出，担任交通部长、内政部长等职务。

但我如果想成功改组，那么此时所用的各种条例，应由皇上直接制定，不必先经立法手续……"该项条陈之中，并附有关于改组计划的上谕草稿（上谕即诏书，这里指兴登堡预先为皇帝起草的诏书）一篇。

这项改组计划，主张设立"最高战事衙门"。凡是与战争有关的事，比如工人的召集使用及供给，原料枪械子弹的筹措，都归该衙门管辖。从前陆军部中原有的"枪弹局""工作局""军用原料司"则均改为隶属该衙门之下。此外，该衙门对于"战时粮食督办公署"所颁布的关于工人粮食问题的各种条例，要随时加以监督。而监督"粮食督办公署"的做法，只是一种过渡办法，到了相当时期，才将该公署直接并入"最高战事衙门"之内。

当格罗纳威廉·格勒纳将军向国务总理递交兴登堡元帅的这项条陈时，还说鲁登道夫将军对于"强迫工作"的计划尚未根本加以打消。但他本人（格罗纳威廉·格勒纳自己）对于此事，不是很赞成。不过就像英国方面的做法，对工人的行动自由稍稍加以限制，格罗纳威廉·格勒纳将军却认为是有必要的。组织"最高战事衙门"将所有枪弹问题、工人问题、原料问题一概归其管辖，以便统一进行筹划，这与我九月三日致鲁登道夫的信中所说，具有若干连带关系。但将"最高战事衙门"完全与陆军部脱离关系，却显得不是很妥当。后经军事当局再三讨论之后，就决定此项"战事衙门"仍应属于陆军部，不必彼此并立。但该衙门行使职权的时候，很具有独立自由活动的余地。一九一六年十一月一日，皇上就依照此义，下诏设立"战事衙门"并让格罗纳威廉·格勒纳将军主持具体事务。同时，又将陆军大臣阿道夫·冯·霍亨伯恩将军免职，而以史特因（Stein）将军代之。

第四节　救国服役条例

　　在上面的改组计划尚未公布之前，格罗纳威廉·格勒纳将军又于十月二十八日通知国务总理。大意如下：现在兴登堡元帅想对之前所提的条陈，稍加更改后再应用，即全国男子自十五岁起至六十岁止，以及全国妇女，一律承担"工役"（各种劳动的义务）。按此项通知，与兴登堡元帅十月十日递交国务总理的信函中所说的"此事所用各种条例，暂时由皇上直接制定，不必先经立法手续……"不是很相符。

　　次日，国务总理特邀集格罗纳威廉·格勒纳将军，以及其他主管大员，共同讨论这项问题。格罗纳威廉·格勒纳将军对于"工役"制度必须采用的理由（格罗纳威廉·格勒纳在十四日之前还亲自向国务总理表示，自己对于这项"工役"制度不是很赞成），是为了实行"兴登堡计划"。也就是说，在实行制造大宗枪弹的时候，必须要用大批劳动力。我到现在才听说这项计划的扩大内容。原来这项计划，早由军事当局制成，并与一大部分工业家协商妥帖。但军事当局对于这种与国民经济有很大关系的问题，而且实行这项计划，必须具有各种经济前提，事前竟不跟我商量。而我当时是全国经济事宜的主管大员。后来我还听说铁道大臣布赖滕巴赫（Breitenbach）与商业大臣赛多（Sydow）两人，对于制订此项计划的事，也是未曾被告知。而实行此项计划的时候，关于大规模运输工厂建筑材料以及需用大宗煤炭的事，同我国铁路运输能力，煤矿出产限度，现存劳动力数目，具有密切关系。因此，这两个大臣，也正像我一样，对于这项计划书的实行问题非常怀疑。这两个大臣还说再这样过分紧张下去，势必将产生不好的结局。

关于"工役"一事，格罗纳威廉·格勒纳将军只能转述其中大意，并用"救国服役"来作为粉饰。这种"工役"制度既没有确切的规定，又没有详细的条目。等到后来共同讨论的时候，于是实行这种"工役"理想时，即将产生的各项难题，无不一一暴露出来：承担这项"工役"的人，是否也像负有"兵役"的人一样先行注册，然后编成"工队"送入特定工厂，指挥彼等工作？无论是什么人，都知道这绝不可能实现。此外，将来所征的"工队"，其中有一大部分，现在已在军用制造工厂，或关系民生的企业从事工作。倘若现在让他们一一辞去工作，前来投效"工队"，然后再将他们送回类似的工厂，或其他不很重要的工厂服役。很明显，这么做不但毫无意义，而且突然给各种事业带来许多重大的阻碍。至于"工役"施行的实际限度，当然只能限于下列一般工人：比如从来不做工的人；或在对于军事民生全不重要或不甚重要的工厂做工的人；或者虽然在重要工厂做工，但该厂所用劳动力存在多余的情况。关于实行征集这类工人，并给以相当重要工作的举措，势必先有一种适当组织才行。此外，还需要强迫这类工人，如遇政府给以工作之时，不得无故拒绝。同时，更应组织一种检察机关，以禁止工人无故擅离军用工厂而去。也就是说，要限制工人自由地改换职业。这种严厉限制个人自由的做法，必须先定一种执行手续及法律保护，以便维护这类工人的权利。如果说有一件事是可以预料，那就是：将来国会讨论这项"工役"法律之时，所有以往对于"劳工委员会""仲裁机关""调节所"的希望，以及工人自由结合权利的要求等，又将一一成为政治争夺的工具。我对格罗纳威廉·格勒纳将军关于采用"工役"制度所持的理由，在根本上虽然不能反对，但对于这项"工役"制度的效果，却远不如对军事机关的期望大。现在德国正处于万分危急的境地，凡是可以促进人工效用的方法，当然都不能放弃。至于"工役"一事，扩及全国妇女，以及年龄未满十七岁的童工，则因各方激烈反对的缘故，格罗纳威廉·格勒纳将军只好将其取消。

后来，我准许对于这项"工役"问题，拟定一种草案，以备继续讨论。

当天刚好是星期日（十月二十九日），我当时除例行公务外，更因国会讨论"戒备状态"及"检查信件"的事，"联邦会议"中"外交委员会"即将于十月三十日召开议会的事，以及波兰问题亟待待解决的事，异常忙碌。但对于这项草案大纲的拟定，有幸能赶期制成，在星期四（十一月二日）先与格罗纳威廉·格勒纳将军商议，并与他约定：于下星期之中，再邀劳资双方代表，共同秘密讨论。同时，皇上更依照国务总理的意思，主张：先看我们同盟国方面当时所提的"停战议和条陈"的效力如何，然后再决定公开讨论这项"工役"问题的事。

十一月四日，国会方面讨论并做出决定——休会。当月六日上午，国务总理寄我一份电报，是外交部代表从大本营中发来的。大意是：鲁登道夫将军宣称，这项《救国服役条例》万不能迟延一刻。鲁登道夫将军还想将这个意思，直接奏陈皇上。到了当日午后，国务总理就奉皇上通过电报发来的诏书，责令立将《救国服役条例》的事办好，措辞异常严厉。后来几星期之中，吾每天都在万分压力之下，赶制这项"工役"条例（该条例的草案，经普鲁士政府议决之后，即于十一月十日呈给皇上御览。不久，在当月十四日得到皇上的旨意，随即转送"联邦会议"方面，并已先秘密向"联邦会议"代表，接洽妥当），而大本营方面，却不断地照旧严厉催促。我到了今天，还未能了解，他们当时如此催迫的意义究竟在哪里？实行这项条例，需由最近新设立的"战争衙门"先做种种准备。现在该衙门方面对于此事正在从速进行。其实，即使一切准备十分周到完善，这项条例的效果也不能在几个小时之内就产生，必须经过较长的一段时间，才能见效。在其他方面，这项条例与全国经济、人民生活关系重大，那么我势必先与经济界方面讨论接洽才行。同时，我还要等候各联邦政府的决议，以及预备将来在国会提出讨论的种种手续，这些都需要我花费一段时间才能完成。

无论如何，我个人方面，是决不愿意继续承受这种不断地催逼了。于是我向国务总理表示，不愿在军事大本营的鞭策之下工作，并请其转告皇上，准许我辞职。但国务总理却以为，大本营方面表现出的种种愤怒，多是针对他个人。因此，他决定前往普勒斯（Pless），拜访皇上及乐登堡元帅，先交换一下意见，然后再行决定他的个人进退问题。等到后来双方交换意见之后，彼此的误解暂时得到消除。但真正互相了解，却始终未曾办到。当国务总理从普勒斯回来时也深深感到他与帅营之间，确实有许多问题，双方意见万难达成一致。

第五节　救国服役条例与国会

《救国服役条例》在十一月二十一日，由
"联邦会议"决议后通过。当月二十五日，总理
召集国会讨论这件事。但在这两天之前，因为我
与各党领袖接洽的结果，国会中的"国务委员
会"已经先行开始讨论这项条例。开会的时候，
大家往往从早上至深夜，详细地研究所有条例中
之各项规定。当时该委员会要求（正如我所预
料），凡是一切细小事项，比如实行这项条例时
所需的"执行机关"与"公断机关"以及应征工
人所享有的法律保护权利，都需要正式列入条例
正文之内（在草案中，对于这些细小事项的规
定，只大概说明一下，将来再由"联邦会议"详
细制定）。此外，还有许多关于民生问题及政治
问题的提案，我早已预料或未曾预料的，都必须
在此条例宗旨所能容许的范围内一一加以讨论，

这就非常繁难复杂了。当帅营代表，初次与工会方面接洽之时，曾表示，希望国会方面能将这项条例视作一种爱国壮举，应当不必讨论，一律通过，等等。而现在国会方面，却如此逐条刁难，恐怕势必会让帅营失望。

国会"总务委员会"方面，对于这项条例，因日夜赶着商议的缘故，就于十一月二十八日晚，终于结束了讨论。后来几天内，则由国会召开全体大会公开讨论这项草案。十一月三十日正午十二时，开始第二次会议，直到午夜十二时的前几分钟，才算结束。十二月二日午后，开始第三次会议。结果赞成者共有二百三十五票，反对者（都是独立社会民主党）十九票，未参加表决者八票。于是该项条例直到最后一刻，还有若干条文引起激烈争论。我在国会中的处境非常困难。因为当国会讨论这项草案时，所用时间太少，不能广泛征求各联邦政府的意见，各联邦对于各条增改的情况有没有异议不能知道。我因想要保持"联邦会议"的立法权限，对于国会各种提案，若有我认为可以接受，或我认为可以向各联邦政府疏通的，都不能不一律加以拒绝。因此我在国会中宣称：此事必须留待各联邦政府解决。国会方面对我这种"中央阁员"及"联邦代表"两种职务下所产生的态度，常常不是很了解。此外，还有一件事，使我感觉难上加难，即战事衙门长官格罗纳威廉·格勒纳将军，与我同在国会之中担任政府出席代表。格罗纳威廉·格勒纳以军人天真的本色，往往独自与议员谈判，私下应允他们的要求，并不向我通知。竟有一次，"国会委员会"中，有一位社会民主党议员，曾对我说："我们真不了解您的态度，您现在激烈反对的，都是格罗纳威廉·格勒纳。"

在三次议会中，也会产生一种最大难关。会议的前一晚，曾有人来对我说：国家自由党议员方面，因党议员依克南（Lckler）的怂恿，将在国会中共同提案，主张第二次议会中已经通过的"劳工委员会"及"仲裁机关"两种组织，还需要用到国有铁道方面（依克南氏是德国铁道职工会中有影响力的人物）。但普鲁士铁道大臣，以及全体阁员，在上一次委员会议之时，对于社会民主党方面的同种提议，曾加以激烈反对。盖铁道大臣的反对举动，主要表现在设置仲裁机关。因为设置这项机关，等同于在铁道当局及铁道职工两方面之外，另立第三种独立机关来执行仲裁。反之，因我疏通的结果，却取得铁道大臣白酋登巴赫的许可：对以前的"劳工委员会"加以扩充，以回应国会方面屡次口头书面所表示的希望。铁道大臣方面，既然有做出这种让步，国家自由党议员，也就在会议开始之前，各自将已经印好的依克南提案撤回。当时社会民主党方面，虽然没有在国会中直接提出与此相似的提案，但现在因听说国家自由党议员已经将各自的这项提案撤回。于是社会民主党议员，决定将这项提案，再次由该党提出。等到该党议员纳金

（Legien）将提案理由当众分析之后，国家自由党议员依克南才私下对我说："社会民主党既然将这个提案重新提出，则我们党内的同志，仍然应投票赞成……"同时，中央党一部分议员的态度又复十分暧昧。因此，如果想阻止该项提案通过，只有由我切实表明态度，并将此项决议的结果（此项决议若在第三次议会通过，便没有修改的机会），一一指出才行。是以余埃纳金议员发言终了之后，立即起而演说。我首先将普鲁士铁道大臣允许扩充"劳工委员会"组织的事，当众报告，并简述反对铁道方面添设"仲裁机关"的理由。最后我也明确地说："我虽然因此心中感到极度不安，但是不能不明确地告知大家。若这项提案通过，那么全部条例都将因此陷入停顿！我在今日之前，从未当着大家的面作过这种表态，但现在却不能不向各位切实说明……"

我上面所说的言论，曾引起国会及报纸方面的激烈攻击。但在其他方面，却产生一种效果：

即一部分议员，尤其是国家自由党依克南一派议员，以及中央党方面与劳工组织关系紧密的议员，原拟投票赞成社会民主党的提案，到了关键时刻，改投了反对票。结果赞成者共一百三十八票，反对者一百三十九票。该提案就因一票之差，未能通过成立。当我前往国会，列席投票大会之时，早已拿定主意，并将各种文卷先行打包。以便万一该提案通过之后，我立刻就去找国务总理，请求辞职。

这个问题的解决，使我的精神得到稍舒。我所负责的工作重担，本已超过常人精力之外。最后数星期之中，工作特别多，使我难以胜任。再加上军事大本营及国会方面的各种矛盾冲突，也使我十分难受。这使我有志于做一番成绩的雄心，不免大大消磨。而我的身体健康，在那段时间也大受损失。此外，将来势必还有许多重大冲突、争执的事继续发生，我早已一一料到。当我出席国会讨论《救国服役条例》的时候就觉察出一大部分议员之中，尤其是社会民主党议员，对我都带有一种成见。他们认为我以前曾任银行总理，因此，今天我坚持的社会政策，仍是代表资本主义的利益。绝不会因为我的个人生活也全靠自己工作维持，始终简陋无比，而稍稍对我有所理解。但在其他方面，我因九年以来，从事实际重大工作所得的习惯，对于国会这种工作方法（他们永远不离党派立场，遇事讨论争执不已；而当时前线方面，则无时不在苦难之中，为争民族生存作战；祖国的危急，已到燃眉的地步），当然痛恨不已，而且随着时间增加。至于我与大本营方面的彼此隔阂情形，我也认为没有改善的可能。其间虽蒙皇上，于《救国服役条例》问题解决之后，曾将其骑马御像一幅，命人赐余，以表示其始终信任之心。而余对于今后合作日益困难之情形，却未能因此皇恩温慰而完全去怀。但其后此种个人情感，终为责任义务之心所抑制。只有仍行继续忍耐，向前奋进，以尽其责之一途。

第六节　救国服役条例的施行

关于执行这项《救国服役条例》的机关，当时曾在条例之中，明确规定由"军事衙门"方面主持。在该衙门之中，有国会议员十五人组织成立"委员会"，并有较大权力，以参与事务。因此，我对于执行此项条例具体措施，仅能在某种狭小范围之中，预先了解一下。

当国会讨论此项条例之时，对于第九条内容有一种特别解释，这与后来执行手续具有重大关系。

该条内容规定：为实现"工役"理想，必须解决"限制工人自由进退"问题。换句话说，工人若要出厂另找工作，必须取得原有厂主的离厂证明。如遇厂主方面拒绝给出证明，工人可以到劳资双方共同组织之委员会申请，再由该会盘查。如果工人方面确有"重要理由"则由该会负责开离厂证明。

这项规定在当时条例草案中，即已提及。但在"国会委员会"讨论之时，却主张增补一句：即改善工人待遇，也是工人离职的重要理由之一。当时我曾极力反对这种增补，不久委员会委员之中，也有人出来反对，尤其是议员白邑尔（Payer）及博士谢发耳（Schiffer）两人。因为片面地把规定"改善工资待遇"作为离厂的重要理由与该条例宗旨完全相背。据我看，这项规定，等同于促使工人们形成离职观望，期待更好的老板的心理。我生怕这项片面的解释，不但不足以减少工人随意进退的弊端，反而使大部分工人，从前本无离厂再找工作的打算，到那时也将不能好好安定在自己的岗位上了。

议员白邑尔，则认为这种偏重工资问题的做法，将使全部条例的效力削减。最后，委员会中，多数委员协商之结果，是将补充的内容，删改如下："考查工人所持出厂理由，是否重要之时，应当视做出厂他就之重要理由。"

　　此处总算顾全条例的宗旨，而以"同时顾及救国服役条例的需要情形"一句话，放到条例的最前面。

　　但后来在国会全体大会之时，却有人提议，将该条第一句删去。当时与会之人，竟不顾我的再三争执，听从提议，于是将该句删去。

　　后来，因为这个条文所产生的不良后果，足以证明我当时的远虑是很有必要的。现在一般人（社会民主党亦包含在内），所认为极不健全地抬高工价问题，其实就是从当时的军用工业开始的。而国会当天所增补的上述条文，又是"军用工业"抬高工价一事的根本原因。

　　同时，再加上"战事衙门"与工厂方面订立交货合同之时，逐渐不用"先行定价"的方法；而等移交货之后，再计算所耗人工材料多少，然后公议一种价格。这更使抬高工价的势头更足了。因为这种合同办法，竟使一般的厂主争相出高价，来吸引工人进厂。当时提高工价的损失，不再由那些厂主负担，而由国家负担。甚至于工价提高之后，那些厂主所得的红利，还很丰厚。因为那些厂主所赚的钱，随劳动力、材料的价值，也每天都有增长。后来，"战事衙门"发现这项弊端，就发出公告，对于这项合同办法，大加批评。但该衙门却忘记了：这项办法的采用与废除，是该衙门自己分内之事。

至于《救国服役条例》的效力，除了上述工资问题暂不作讨论外，受下面的一件事所能办到的程度大小的影响。即如何改组各种工厂，以收到提高生产能力的效果。尤其是如何归并停办各种无关重要的工厂，使其劳动力解职，以便改用于其他重要工业。关于此事，在"国会总务委员会"中讨论的时候，以及"战时衙门"内"十五人委员会"开会商议的时候，已不知讨论过多少次。但实际工作却未能尽如理论空话说的那样每天都有进步。因此，后来内务部方面对于这项问题，又不能不逐渐由"战时衙门"手中收回自行办理。

第七节 救国服役条例的效力

关于救国服役条例的效力，我到今天还不能下最后的结论。因为与此有关的各种材料，我都没有找到。但就我的印象而说，这项条例的效力，实在是远不如当时军事当局的期望。若就整体来说，带来的利益，更是远不如带来的损失多，我们根据当时一般国民的舆论就可以了解到。当时创议制定这个条例的人，以为该条例颁布之后，一时间，爱国狂潮势必将汹涌而起。但在事实上，却不是这样。国内一些激进派，反而将这个"强迫做工"的条例，作为四处煽动的材料。假如当时只是继续沿用"提高经济效益"的方法，限制不重要工厂的耗费人工，将全国力量集中于和军事、民生有关的各种企业，那么所收到的成效，势必将远胜过这种大吹大闹的救国服役条例。

现在我可以断言的，就是这项救国服役条例的施行，并未能使"兴登堡计划"一一实现。正如我从前（一九一六年十月二十九日）在国务总理那里初次与当时新任的"战时衙门"长官所说的，"兴登堡计划"之所以难于实行，不仅在工人问题方面，更与运输及煤炭问题有密切关系。其实这项计划的弊端还有很多，这项计划实行的结果，不但在工人中引发了无限的混乱，甚至于运输及煤炭事业，也将因此受到不利的影响。

到了一九一七年二月初，军事当局已不得不向工业界方面通知：所有各种新建军用工厂，不能在最近三四月内竣工的，请一律暂时停止进行。据当时困难情形，尤其是运输困难情形，实在已达到极点。所有已制成的四十个熔铁炉，均因无法运输，结果只能放着而派不上用场。因此，如欲避免未来的巨大灾祸，则暂时减轻军用制造，以便分出精力赶制铁道用品的举措，已经是不能再缓。当时"兴登堡计划"因情势所迫，虽已不能不大加限制，但国内经济秩序仍不能完全恢复。当年冬天，天气特别严寒，水路不能通行，铁路尤其拥挤。结果，运输上的困难，更是有增无减。煤炭的缺乏情况，也是一天比一天严重。当时军事当局，因为要赶制铁道用品，对于制造子弹的事，也不能不进行限制。而现在关于煤炭的采购与消费，也深深感到必须快速决断处理。

最初，关于煤炭问题的事，由"战事衙门"包办。该衙门对于煤炭支配问题，曾组织重要机关专门管理。但后来到了一九一七年二月，该衙门渐渐觉得对于这项问题，已经无力解决。于是该衙门长官威廉·格勒纳将军，就约普鲁士商业大臣和我，共同商议处置此事的方法。最终，我们决定添设"中央煤炭委员"一职位，并具有独立行使职权的资格。对于没收及分配煤炭的事，尤其具有极大权力。为便于直接与军事当局联络，特将此项煤炭委员附加到"战事衙门"之中，但仍受国务总理监督。

　　但后来我们发现这个煤炭委员，在此情形之下，对于充分购办煤炭，尤其是解决煤炭急需之事，实在是无法进行。关于煤炭的开采和分配情况，在大战刚开始的时候，曾受很大打击，但不久就恢复正常。每年所采石炭的数额，已距战前产额不远。至于褐灰一种，则更超过战前所产的数额。但此项煤炭，除了所用劳动力太少，环境甚为恶劣之外，再加上铁道运输困难，直到一九一七年春季，还没有力量全部将已开采的煤炭运去。往往数十万吨的煤炭，任其掉在山下。刚好后来车辆逐渐充足，可以将所采购的煤炭全都运回去预备军用时，却又发现：当时的军事机关所提出的"制造枪弹所急需的煤炭数目"已超过当时全体煤炭工人所能开采出的总额。当时"煤炭委员"曾于一九一七年，制成"煤炭预算案"一份，年开采煤炭总额是一万六千万吨左右；而需求的总额则是一万八千三百万吨左右；

差额不在二千三百万吨之下。至于限制消费的措施，从翻检查阅资料可知：当时军用制造以外的各种煤炭消费（其中最重要的，是铁路、家庭、煤气厂、自来水厂、电气厂的需求，以及按条约供给中立各国煤炭需要）已不能再加限制；或者即使能再加限制，但所能省俭的数额，也是少得可怜，仍对缩小当时的差额没什么帮助。而且家用煤炭的数额，当时已减到一千四百万吨，可以说是少得不能再少了。因此，我对于此项家用煤炭的数额，竭力主张不能再减少。于是，当时对于煤炭缺乏问题的解决，只有两种途径：或将军事当局制造枪弹的计划再大加缩小；或将前线大批煤炭工人解除武装，以便回到后方努力开采煤炭。也就是说，我此时对于枪弹数目与兵士数目两件事，必须权衡轻重，加以决定。但这是军事当局分内之事，只有军事当局，才能清楚轻重缓急而进行果断处置。至于我，则只有向军事当局详述军事以外各种煤炭消费的限制都已经达到极点，并说明此事的解决，只有放回前线大批煤炭工人，或尽力限制"兴登堡计划"两种途径。当我在一九一七年六月，与鲁登道夫将军讨论此项问题之时，我曾特将我的这个意见提出。

后来，军事当局方面就决定，一面放回大批前线煤炭工人；另一面又对"兴登堡计划"进行限制。当时我国饱受煤炭缺乏之苦，如果国内滥用一吨煤炭，就等同于减少前线若干武力。因此，对于国内各种煤炭消费，无不同时加以极度的限制。

同样，我国的财政力量，因军事当局枪弹计划过分紧张，也陷入艰难的处境。比如每月军费支出数目，在一九一六年八月份，尚在二十亿马克之下，到了一九一六年十月份，就超过三十亿马克。再过一年之后，每月的军费支出逐渐超过四十亿马克。到了一九一八年十月份，竟达到四十八亿马克。也就是说，此时虽然是在"兴登堡计划"受到限制之后，而关于军费支出日益膨胀的情况，也已无法加以阻止了。

财政大臣谢发耳博士（Dr.Schiffer）曾于一九一九年二月，在德国国民大会之中直接称当时"兴登堡计划"是绝望后的孤注一掷计划。其实这种观点并不十分恰当。当时提出这项计划的各位先生（这项计划，虽然名为"兴登堡计划"，但并不是兴登堡元帅自己提出的），在其头脑中，本来就没有"绝望"二字存在，他们的计划只算是一种"过于自信的计划"以及"过于高估德国经济力量的计划"。倘若当时果真能认清真正形势，做好自身力所能及的工作，那么随意将宝贵的材料，尤其是将宝贵的劳动力，安排在一般毫无成就的新建军用工厂这种类似的事，就可以从根本上避免。因为很多新建的工厂，因劳动力、煤炭缺乏，始终未能完全成型。虽然有些已初具规模，却未能全部开工制造。其实，当时如果善于调度，本可利用较少的人工物力，以制造更多的军用物品，并可避免我国全部经济的停顿与破产。要知道国民经济一旦陷于停顿或破产，全国抵御能力的基础，也将随之动摇而陷于不可收拾的境地。

附录　第一次世界大战大事年表

1879年　德奥缔结了"同盟条约"。

1882年　德奥意三国同盟正式建立。

1904年　英法签订协约。

1905年　时任德军总参谋长阿尔弗雷德·冯·施里芬伯爵提出了著名的"施里芬计划"，即后来"闪电战"的雏形。

1907年　英俄签订协约。标志英法俄三国协约正式成立，欧洲两大军事集团最终形成。

1908年　奥匈帝国吞并了波斯尼亚和黑塞哥维那，引起欲在该地区扩张势力的塞尔维亚的不满。

1912年　第一次巴尔干战争爆发，加剧巴尔干半岛的矛盾冲突。

1913年　第二次巴尔干战争爆发，德国和奥匈帝国利用巴尔干同盟内部为瓜分奥斯曼帝国占领地不均所产生的矛盾，极力煽动保加利亚反对其他盟国。

1914年6月28日　"萨拉热窝事件"爆发，这是第一次世界大战的导火索。

1914年7月28日　奥匈帝国向塞尔维亚宣战，第一次世界大战开始。

1914年7月30日　沙俄开始国内军事总动员；德国分别向沙俄和法国提交了最后通牒。

1914年8月1日　德国对沙俄宣战，并于当晚进攻卢森堡，夺取铁路运输线。

1914年8月3日　德国向法国宣战，并宣称将进军比利时。

1914年8月4日　英国宣布参战。

1914年8月5日　西线德国第1和第2集团军发起突

破比利时要塞的进攻，闪电战开始。

1914年8月13日　沙俄为支援法国，在东线对德国发起进攻。

1914年8月14日　法军从瑞士南部边境发起反攻，收复了一些失地，但是最终被德国第6、第7集团军击退。

1914年8月16日　"边境交战"爆发。德军突破要塞，将战线向西推进，之后沿比利时至阿尔萨斯——洛林一线发生了一系列战斗，双方投入达350万人，但是没有发生大规模作战。

1914年8月16日　地中海战场，法国舰队击沉一艘奥匈帝国巡洋舰，自己的一艘无畏舰则被奥匈帝国重伤。

1914年8月17日　沙俄第1和第2集团军侵入东普鲁士，"马祖里湖战役"爆发。

1914年8月18日　东线战场，奥匈帝国与沙俄西南方面军交战。

1914年8月20日　德军由比利时布鲁塞尔向前推

进，与法军发生遭遇战，之后法军败退至马恩河。与此同时德军第1、第2集团军横扫比利时，进行大迂回包抄作战。

1914年8月23日　兴登堡和鲁登道夫来到东线主持作战，发动"坦能堡会战"；日本对德宣战。

1914年8月26日　德国第1集团军在勒卡托同英军遭遇，双方均损失惨重。

1914年8月28日　"赫尔戈兰湾海战"爆发。英国皇家舰队中将大卫·贝蒂击沉德国公海舰队3艘轻型巡洋舰和1艘驱逐舰。

1914年8月31日　东线沙俄萨姆索诺夫集团军全军覆没，德军大胜。

1914年8月底　法军统帅霞飞面对溃败局面，重新部署军队，联合英军建立防线，准备反攻。

1914年9月2日　德军先锋部队逼近巴黎，法国政府迁往波尔多。

1914年9月5日　第一次"马恩河战役"役爆发。

1914年9月11日　德军撤出阵地，第一次"马恩河战役"结束，英法联军获胜，将战线反推69公里，但双方均伤亡惨重。

1914年9月13日 德军撤出阵地后向北退却至埃纳河畔建立防线，英法联军追击至此，与德军对峙。

1914年9月15日 沙俄军全部撤至涅曼河东岸，"马祖里湖战役"结束。

1914年9月18日 英法联军的正面进攻没有取得进展，欲采取运动战攻击德军的右翼，德军也想攻击联军左翼。双方都向北机动作战，直至推进到北部沿海的英吉利海峡，双方都未能打破对方防线，史称"奔向大海"。

1914年9月21日 沙俄军包围普热梅希尔要塞，德国不得不从西线抽调兵力援助奥匈帝国。

1914年9月28日 德军及其盟军进攻波兰。

1914年10月12日 同盟国军队逼近华沙，被沙俄阻拦后，退回边境线，波兰西南部战役结束。

1914年10月中旬 "伊普雷战役"爆发。"奔向大海"行动结束后，德军仍欲寻求打破对方防线，在比利时西南部小镇伊普雷发起总攻。几个月后，英国远征军几乎全军覆没，德军攻占法国最富庶的地区，战役宣告结束。双方在交战后期都限于疲惫，开始深挖堑壕。

1914年10月30日　德军指挥一支土耳其舰队炮击沙俄敖德萨港，第二天，土耳其被卷入战争。

1914年11月11日　日军在英国人的支持下侵占中国山东青岛。

1914年12月中旬　德国公海舰队炮击英国海岸居民区，其他更多的时间，德国5艘军舰伪装成商船对协约国舰队进行袭击。

1915年1月1日　英军一艘战列舰被德国公海舰队击沉。

1915年1月9日　德皇发出命令，将于2月1日起实施"无限制潜艇战争"，美国商船遭受巨大损失。

1915年1月24日　英德两国在海上爆发战列巡洋舰大战。

1915年2月15日　在西线对峙期内，法军尝试发起进攻，直至3月16日止，收效甚微却伤亡惨重。

1915年2月19日　英国皇家海军地中海舰队炮轰达达尼尔海峡，"加里波利之战"爆发。

1915年3月18日　协约国舰队硬闯达达尼尔海峡，触发鱼雷后撤退，英国开始谋求登陆作战。

1915年3月18日　东线战场普热米什尔要塞10万守军投降沙俄。

1915年4月6日　法军对凡尔登以东的圣米耶尔突出地区进行攻击，持续到24日，无果，史称"韦夫尔会战"。

1915年4月22日　德军发动第二次"伊普雷战役"，首次使用毒气。25日战役结束，双方各伤亡数万人。

1915年4月25日　英军在土耳其登陆成功，但很快被土耳其军队击退。

1915年5月7日　德国潜艇击沉邮船，有大批乘客死亡，其中包含115名美国公民。

1915年5月9日　在西线战场，英军和法军分别对德发起进攻，至5月底伤亡10万人，无战果。

1915年5月23日 原属同盟国阵营的意大利加入到协约国阵营，对奥匈帝国作战。

1915年6月3日 德奥联军收复普热米什尔要塞。

1915年8月4日 华沙被德军占领。

1915年8月底 布列斯特——利托夫斯克要塞被德军攻破。

1915年9月25日 协约国在西线战场发起"卢斯战役"，持续到10月14日以失败告终，协约国伤亡更惨重。

1915年9月底 德奥联军占领波兰突出部分领土，并收复加里西亚。

1915年10月 保加利亚加入同盟国阵营。

1915年11月23日 协约国登陆部队开始从土耳其撤退，期间协约国50余万人远渡重洋而来，有44万余人阵亡，9万余人负伤。

1916年2月21日 "凡尔登战役"爆发，持续到12月19日。这是一战中破坏性最大，持续时间最长的战役。

1916年3月　葡萄牙加入协约国阵营。

1916年5月31日　"日德兰海战"爆发，这是一战中规模最大的海战，战后英国仍掌握制海权。

1916年7月1日　"索姆河战役"爆发，这是一战最大规模战役，英军首次使用坦克。

1916年8月27日　罗马尼亚对奥匈帝国宣战。

1917年4月　美国宣布对德作战，加速了同盟国阵营的失败。

1917年8月14日　中国北洋军阀政府向同盟国宣战，并未派遣军队，派出了14万劳工。

1917年11月7日　俄国爆发十月革命。

1918年3月3日　苏俄与同盟国签订《布列斯特和约》，退出帝国主义战争。

1918年7月15日　德军发起第二次"马恩河战役"，这是德军发动的最后一次大规模战役。

1918年7月底　协约国发动第一次大反攻，将战线推进到马恩河一线。

1918年9月底　协约国开始全线出击，突破"兴登堡防线"，同盟国集团开始瓦解。

1918年10月29日　德国基尔港爆发起义，4万名海员拒绝作战。

1918年11月9日　柏林工人起义；威廉二世宣布退位。

1918年11月11日　停战协定签署，标志着第一次世界大战结束。

1919年1月18日　巴黎和会正式召开，会议上中国的正义呼声被忽视。

1919年5月4日　中国爆发"五四运动"。

1919年6月28日　签署《协约各国和参战国对德和约》，即《凡尔赛和约》。协约国还分别同奥地利、匈牙利、土耳其等国签订了一系列和约。